RESPIRA

Martin Boroson

Respira

Relax para personas ajetreadas

U R A N O

Argentina - Chile - Colombia - España
Estados Unidos - México - Uruguay - Venezuela

Título original: *The One Moment Master*
Editor original: Rider, an imprint of Ebury Publishing
Traducción: Amelia Brito

ISBN: 978-84-7953-692-3
Depósito legal: NA. 3.335 - 2008

Fotocomposición: Ediciones Urano, S.A.
Impreso por Rodesa S.A. – Polígono Industrial San Miguel
Parcelas E7-E8 – 31132 Villatuerta (Navarra)

Impreso en España - *Printed in Spain*

Martin Boroson estudió filosofía occidental en la Universidad de Yale, obtuvo un máster en Administración de Empresas en la Yale School of Management (Escuela de Administración de Yale) y luego hizo estudios particulares de filosofía oriental. Se formó en psicología transpersonal con el doctor Stanislav Grof, ha trabajado como psicoterapeuta, e ideó el Temenos Project, financiado por el Arts Council de Irlanda, para promover la innovación y la excelencia en las artes. En este libro reúne estos diversos enfoques y métodos de su trabajo en calidad de asesor y orador organizativo. Enseña las técnicas de *Respira* en seminarios, talleres públicos, Internet y en los medios de comunicación.

Para más consejos, sugerencias, instrumentos y recordatorios, su página web es:

www.onemomentmaster.com

.

Cuando un moribundo exhala su último suspiro,
debería estar preparado para comenzar de nuevo.

[Atribuido] a Nikos Kazantzakis

El autor desea agradecer a las siguientes instituciones y personas que le hayan permitido citar material protegido por los derechos de propiedad intelectual: Alcoholics Anonymous World Services por el material de «Three Talks to Medical Society», de Bill W. (más información en la nota 10, al final del libro); Coleman Barks, por los versículos de *The Essential Rumi*, traducido al inglés por él mismo (HarperSanFrancisco, San Francisco, 1995); Wayne Greenshaw, por una cita en *The Thunder of Angels*, escrito en colaboración con Donnie Williams (Lawrence Hill Books, Chicago, 2005); Karla Taylor, Brockman, Inc., por esclarecer el uso correcto de material de *About Time*, de Paul Davies, y *The End of Time*, de Julian Barbour; Rider, sello editorial de Ebury Publishing y Random House, y Harmony Books, división de Random House, Inc., por una cita del *Bhagavad Gita*, traducido al inglés por Stephen Mitchell (Rider, Londres, 2000; Harmony Books, Nueva York, 2000); Riverhead Books, división de Penguin Group, por material de David Cooper, *God Is A Verb* (Riverhead Books, Nueva York, 1997), pág. 62; *Scientific American*, por material de «That Mysterious Flow», de Paul Davies en *Scientific American Special*, vol. 16, 2006; Shambhala Publications, por material de *No Boundary*, de Ken Wilber (Shambhala, Boston y Londres, 1985); Doctor Mutie Tillich-Farris, por material de *The Shaking of the Foundations*, de Paul Tillich (Charles Scribner's Sons, Nueva York, 1950); Eric Charles White, por material de *Kaironomia: On the Will-to-Invent*

Dedicado con amor a mis padres,
Florence y Louis Boroson

Índice

Agradecimientos 19

Introducción 21

PRIMERA PARTE: EJERCICIOS BÁSICOS

El Minuto Básico. 32

Para entender el Minuto. 38

Dónde y cuándo 41

Los beneficios (para ti). 45

Los beneficios (para todos los demás) 49

Dificultades comunes 51

El calentamiento 56

El enfriamiento 58

Práctica y perfección. 60

El Minuto y la oración 62

Posibles efectos secundarios. 63

SEGUNDA PARTE: EJERCICIOS INTERMEDIOS

El Minuto Portátil. 67

El Minuto de Urgencia 70

El Minuto Sorpresa. 76

El Minuto Extra. 78

TERCERA PARTE: EL MOMENTO EN EL TIEMPO

La percepción del tiempo............................ 84

La naturaleza del tiempo............................ 90

CUARTA PARTE: EJERCICIOS AVANZADOS

El Ciclo Una Respiración............................ 103

Sin asideros.. 105

En el acto.. 108

Percepción del momento............................. 110

QUINTA PARTE: CONOCER EL MOMENTO

Qué es el Momento.................................. 115

Antes del Momento................................. 118

Momentos famosos.................................. 120

Después del Momento............................... 131

Lo que no es el Momento............................ 133

SEXTA PARTE: EJERCICIOS MUY AVANZADOS

Mirando... 138

Yendo y viniendo................................... 141

Siendo... 144

SÉPTIMA PARTE: EL MILAGRO DEL MOMENTO

Descanso y recreación.............................. 151

El Momento de opción.............................. 154

Juventud eterna.................................... 156

Manejo avanzado del tiempo........................ 158

Manejo del Momento...................................... 164

El Momento del giro en redondo 167

El Momento oportuno 169

El Momento definitivo................................ 173

Un momento de Aprecio.............................. 177

OCTAVA PARTE: MAESTRÍA DEL MOMENTO

El Momento no momento............................. 181

El maestro momentáneo 185

Notas 187

Agradecimientos

Muchos amigos, familiares y profesores leyeron el primer borrador de este libro y me hicieron valiosísimas sugerencias. Vaya mi más profunda gratitud a: Florence Boroson, Louis Boroson, Andrew Dodd, Randall Ryotan Eiger Hoshi, Lenny Gibson, Nienke Merbis, Barbara Joshin O'Hara Sensei, Ryah Parker, Doug Paxton, Kris Stone, Diana Theodores y Elise Thoron. Mi hermana, Barbara Boroson, me obsequió con críticas particularmente generosas y acuradas, y me dio mucho aliento, como siempre. Mi cuñado, Joe Rutt, me ofreció consejos esenciales acerca del diseño del libro y el proceso de publicación.

Sugra Zaman me ayudó a transformar mis ideas iniciales en una propuesta de libro y luego encontró un primer hogar para el libro en Rider. Agradezco a todo el personal de Rider, en particular a Catherine Trippett, por resolver todo lo relacionado con los permisos, a Sue Lascelles por dirigir el proceso de producción con claridad, esmero y flexibilidad, a Alex Young y Katie Johnson, por su ayuda en marketing, a Hannah Robinson por su generosa ayuda en publicidad y a Judith Kendra, directora editorial, por su sensata edición del original. Agradezco particularmente a mi agente, Jacky Sach, por su profunda comprensión del libro y su entusiasmo, a Whitney Lee, por representar este libro en el resto del mundo y a Jill Mangino, por su tan incondicional ayuda con la publicidad.

Además de los citados en las Notas, varios artículos y libros me proporcionaron información esencial. *The Story of Time*, editado por Kristen Lippincott, es una colección de ensayos fascinantes y variados que fueron esenciales para la Tercera parte. Encontré una enorme ayuda en mi intento de penetrar las paradojas del tiempo en *Shobogenzo*, de Eihei Dogen,* *Existential and Ontological Dimensions of Time in Heideger and Dogen*, de Stephen Heine, y *Companion to Whitehead's Process and Reality*, de Donald Sherburne. *The Cosmic Game*, de Stan Grof,** y los escritos de Duane Elgin, sobre la creación continua, me fueron útiles para la Séptima parte.

Gracias, Nienke Merbis, Ed Merbis, Jean Farrell y Bill Farrel por tener un espacio tan amoroso durante los años de exploración de los que ha surgido este libro. Gracias también Michael Harris y Jo Hardy por vuestra ayuda durante algunos bloqueos importantes en el flujo. El entusiasmo de mis padres por todo lo que yo emprendo ha sido siempre una fuente inagotable para mí, y les estoy agradecidísimo. También agradezco a mi socio, Andrew Dodd, por su estimulante búsqueda de la excelencia, su constante apoyo y la alegría que aporta a mi vida. Gracias a ti también, Toby y a tu mamá, que tan bien cuida de nosotros.

Por último, agradezco a Roshi Enkyo O'Hara y a todos los miembros de la Village Zendo de Nueva York. Con su comprensiva y juguetona presencia, justo ahí en el mundo, me han ayudado a mí, y a este libro, más de lo que se imaginan.

M.B.

---

* Hay dos versiones en castellano: *Shobogenzo: La naturaleza de Buda*, Obelisco, Barcelona, 1989, y *Shobogenzo del maestro Dogen*, Jesús Ubaldo Medina, Santander, 1999. *(N. de la T.)*

** Hay versión en castellano: *El juego cósmico: exploraciones de las fronteras de la conciencia humana*, Kairós, Barcelona, 1999. *(N. de la T.)*

Introducción

Piensa en todos los momentos que «perdemos», dentro del coche en un atasco de tráfico, de pie esperando en una cola, sentados en una reunión aburrida. Piensa en todos los momentos que «desperdiciamos», yendo a fiestas de las que no disfrutamos, trabajando cuando no estamos concentrados, mirando un programa más de televisión antes de irnos a acostar. Luego están los «momentos robados», aquellos momentos que cogemos cuando nadie nos está mirando, para mirar escaparates, para navegar por la red o jugar con nuestros teléfonos. Y piensa en todos esos otros momentos, los momentos entre otros momentos. ¿Y si cada uno de esos momentos nos ofreciera una oportunidad extraordinaria?

Cada momento, creo, nos ofrece la oportunidad para corregir el curso de nuestra vida, o para tener una maravillosa nueva idea. Cada momento nos ofrece la posibilidad de reenfocar la mente. Y cada momento nos ofrece la oportunidad de experimentar una quietud profunda, por muy preocupados o abrumados que estemos. Es decir, un cambio drástico o espectacular no requiere mucho tiempo: sólo lleva un momento.

Respira te ofrece una serie de ejercicios organizados, basados en la práctica de la meditación, que te serán útiles para captar el momento, estar en el momento y utilizar el enorme potencial de un momento. Estos ejercicios son tan rápidos y tan sencillos que se pueden hacer en sólo un minuto. Paulatinamente se van acortando, acortando, hasta que, con el tiempo, no ocupan nada de tiempo.

La idea para este libro me vino en un momento. Una mañana estaba meditando, mis treinta minutos habituales, pero esa determinada mañana me resultaba muy difícil permancer sentado quieto. El tiempo avanzaba lentísimo. ¿Me había olvidado de poner el reloj? ¿Llevaría ya una hora sentado ahí? ¿Debería mirar la hora? Finalmente abrí los ojos y miré el reloj; sólo me quedaba un minuto. Me había pasado ventinueve minutos pensando cuándo acabarían los treinta. Algo desalentado, decidí poner fin a la meditación, pero de repente pensé: «A lo mejor este próximo minuto es el más importante». Así pues, quedándome un solo minuto, volví a empezar; decidí meditar un minuto.

Desde ese momento en adelante, comenzó a cambiar mi actitud hacia el tiempo. Empecé a pensar menos en objetivos a largo plazo y más en oportunidades del presente. Comencé a pensar cuánto se podría realizar realmente en un corto espacio de tiempo, y a experimentar con meditaciones rápidas.

No es así como consideramos normalmente la meditación. Suponemos que la meditación es una prueba de aguante: cuanto más tiempo puede estarse sentada la persona, quieta y tranquila, más espiritual es. También suponemos que la meditación se ha de practicar en un lugar retirado, sereno, hermoso, muy lejos de la vida cotidiana. Sin duda tenemos esas suposiciones debido a que gran parte de nuestro legado espiritual nos lo han transmitido monjes, monjas, ermitaños y profetas, personas que han o habían renunciado a la vida normal ordinaria.

Pero, naturalmente, los beneficios de la meditación, como la tranquilidad, el conocimiento de uno mismo y la claridad de pensamiento, deberían estar disponibles cuando más los necesitamos. Y seguro que la práctica de la meditación debería ser factible en todas partes, ya sea que estemos atascados en el tráfico, iniciando un negocio o empresa, mudándonos de casa o cambiando un pañal.

Sin duda cuanto más rápido podamos estar en calma y cuantos menos apoyos necesitemos, mejor. Es decir, tal vez no se trata de cuánto tiempo podemos alargar la meditación, sino de cuánto podemos acortarla.

Tal vez nos perdemos el enorme potencial de un momento porque creemos que «un momento» es una cantidad de tiempo muy corta, de uno o dos segundos, y, por lo tanto, insignificante. Pero en realidad la palabra «momento» viene de la palabra latina que significa «una partícula suficiente para inclinar la balanza». Puede cambiarnos la vida. Un momento es, por su propia naturaleza, trascendental.

En sólo un momento, un conductor borracho podría acelerar en un semáforo en rojo y atropellarte. En sólo un momento se puede derrumbar una represa, ocurrir un temblor de tierra, incendiarse un bosque seco. Nunca se sabe cuándo va a desaparecer algo que se da por descontado.

En tiempos recientes, ningún incidente ha hecho comprender mejor esto que el ataque terrorista al World Trade Center de Nueva York. El 11 de septiembre de 2001, las personas que llevamos vidas «estables» en países «estables» comprendimos que también somos vulnerables a la natural imprevisibilidad de la vida, y que, pese a nuestra tecnología, todavía no sabemos qué va a ocurrir en el próximo momento. También comenzó a preocuparnos qué nuevos desastres, que no podíamos imaginarnos, podrían ocurrir en el próximo momento.

Pero olvidamos que no todas las sorpresas son terribles: algunas nos traen curación, inspiración, estímulo y alegría. Y olvidamos tener presente la posibilidad de que el próximo momento podría traernos un milagro. En un momento, durante una larga enfermedad, simplemente empiezas a recuperarte y nadie sabe decir exactamente por qué. En un momento nos llega inesperadamente una idea nueva a la mente. En un momento, después de años de separación, cae el muro.

Pero ya sea que estos momentos transformadores de la vida sean globales o personales, felices o tristes, grandes o pequeños, nos recuerdan que la vida ordinaria tiene la posibilidad de ser extraordinaria. En sólo un momento se puede abrir la vida ordinaria para revelar otra realidad que era inconcebible en el momento anterior. He ayudado a muchas personas y organizaciones en el proceso de cambios importantes. En calidad de orientador, mi papel es principalmente ayudar a establecer las mejores condiciones para el cambio constructivo y luego sostener el espacio para que surja. Estas transformaciones pueden llevar un tiempo considerable, pero cuando ocurre un avance decisivo, ocurre de repente, en un momento; nadie puede predecir cuándo ocurrirá ni qué será. Pero la única y mejor condición para que ocurra es simplemente que las personas involucradas posean una habilidad muy sencilla: estar presentes en el momento presente, y abiertas o receptivas a sus posibilidades.

Los ejercicios que presento en este libro te servirán para renovarte y recargarte momentáneamente a lo largo del día. Pero los momentos de meditación, en particular cuando se reparten a lo largo del día, hacen mucho más también: pueden transformar nuestra relación con el tiempo. Durante los momentos de meditación podemos experimentar una profunda quietud (que está en nuestra naturaleza) en medio de la actividad (que también está en nuestra naturaleza). Durante los momentos de meditación podemos transformar una vida que encontramos limitada, atiborrada y aje-

treada, en una vida que nos resulta espaciosa y llena de oportunidades. Pero dado que este método vuelve del revés la idea tradicio-
nal sobre la meditación, quiero explicarte brevemente por qué tiene lógica.

La mayoría de las tareas que emprendemos exigen un esfuerzo
diligente durante un largo periodo de tiempo, y la recompensa
sólo viene en el futuro. Pero la paz, la quietud y la alegría no son
así. La alegría o la satisfacción no se encuentra cuando consegui-
mos nuestros objetivos, cuando resolvemos todos nuestros problemas o cuando tenemos más cosas. No encontramos en absoluto la
alegría «en el futuro», porque si tenemos la atención centrada en el
futuro nos encontramos en un estado de carencia o expectación, lo
cual sencillamente no es la manera de estar contentos. No podemos experimentar paz si tenemos la mente ocupada en cualquier
cosa que tenga que ver con el futuro. Sólo podemos encontrarla
ahora.

Y si la alegría depende de las circunstancias, en cómo van las
cosas, también es susceptible, está sujeta, a un «cambio» de las circunstancias. Si sólo estamos en paz porque la vida va bien, no estaremos en paz cuando la vida vaya mal. La verdadera alegría trasciende completamente al cómo van las cosas.

Si no logramos encontrar alegría en medio de nuestra vida,
ahora, con todas sus imperfecciones, no la encontraremos en otra
parte ni en otra ocasión. Paradójicamente, la única manera de estar sosegados, en paz, es estar totalmente presentes en lo que ocurre ahora, aun cuando a veces eso no sea apacible. Dicho con las
sucintas palabras de Krishnamurti, «es ahora o nunca».

Y puesto que la alegría solamente se puede encontrar ahora,
pues, seguro que es posible hacerlo. Es decir, «no lleva tiempo». No
es necesario ir a un retiro, dejar el trabajo ni encontrar «veinte minutos dos veces al día» para sosegarnos. La paz «siempre» está a

nuestra disposición. Se nos ofrece ahora, una y otra vez, dondequiera que estemos. Pero no la vemos, porque, bueno, estamos muy ocupados haciendo otras cosas, como, por ejemplo, intentando buscar sosiego o leyendo este libro.

Así pues, considera este libro sólo una manera de ir directamente al grano. Si es posible encontrar sosiego y alegría ahora, pues bien podrías ir derecho a ellos. Con este método no pretendo reemplazar ninguna otra forma de meditación u oración, ningún camino de autodescubrimiento ni ninguno de los excelentes libros de autoayuda, desarrollo personal o empresarial que existen; estos dan color y profundidad a nuestra vida. Pero si no aprendes a hacerte experto del momento, tus posibilidades de éxito en cualquier camino se verán limitadas. Si aprendes la maestría del momento, bueno, entonces no habrá nada que te pare.

En el centro o núcleo de este libro está el momento. Pero el momento es elusivo y, a no ser que ya seas un experto, podrías tener dificultades para encontrarlo. Por lo tanto, en la *Primera parte* comenzamos con algo a lo que es más fácil acceder: un minuto. (Un minuto es como un momento con asideros a ambos lados; sabes dónde empieza y dónde termina, por lo tanto es más fácil cogerlo.) Con el primer ejercicio, el Minuto Básico, aprenderás a encontrar una profunda quietud en sólo un minuto.

En la *Segunda parte*, «Ejercicios intermedios», aprendes a hacer más portátil y versátil el Minuto Básico, lo conviertes en un instrumento que puedes usar dondequiera que estés, ocurra lo que ocurra, incluso en una situación de urgencia.

La *Tercera parte*, «El Momento en el Tiempo», es más filosófica; explora la naturaleza del tiempo y te demuestra lo flexible que puede ser este.

La *Cuarta parte*, «Ejercicios avanzados», te explica la manera de reducir poco a poco la duración de un Minuto Básico hasta que logres experimentar sus beneficios casi en un momento.

En la *Quinta parte*, «Conocer el Momento», hablamos en más profundidad del significado de un momento y te ofrezco ejemplos realmente extraordinarios de uno.

La *Sexta parte*, «Ejercicios muy avanzados», te explica la manera de encontrar quietud a tu alrededor, todo el tiempo, en todo lo que hagas.

La *Séptima parte*, «El milagro del Momento», te ofrece técnicas adicionales, más flexibles, que te servirán para experimentar las milagrosas posibilidades de cada momento.

Por último, la *Octava parte*, «Maestría del Momento», te reta a dar un último y pequeño salto hacia la maestría.

Aunque los capítulos de este libro son cortos, están muy concentrados, así que no te los zampes todos de una vez (si lo haces, podría darte una indigestión espiritual, trastorno común causado por leer muchas grandes ideas sin asimilarlas). Claro que puedes leer todo el libro de una vez para hacerte una idea general, pero la mejor manera de leer este libro es con mucha lentitud. Lee un capítulo, mastícalo bien y vuelve a leerlo. Practica los ejercicios, vive con ellos. Cuando los hayas digerido totalmente y sientas hambre de más, pasa al siguiente capítulo.

Si te precipitas a leerlo hasta el final, es posible que no lo entiendas del todo. Esto se debe a que la descripción y definición que doy de un momento va profundizando a medida que avanza el libro, y este se va volviendo algo más filosófico. Cada capítulo está escrito partiendo de la suposición de que has cambiado desde que practicas los ejercicios del capítulo anterior. Es decir, el final del libro está escrito para un «tú» diferente.

Comprométete a practicar estos ejercicios en serio, aunque,

eso sí, no te los tomes demasiado en serio, por favor. Abórdalos más como un juego que como un castigo, y siéntete libre para adaptarlos a tu vida como mejor te convenga. No hay manera de saber qué te va a dar resultado, ni cuándo.

Hay muchísimas cosas en el momento y en la naturaleza del tiempo que son misteriosas, paradójicas e imposibles de explicar, o incluso de entender. Así pues, podría convenirte dejar a un lado este libro un tiempo, y volver a él después, para otra zambullida. Entonces quizá lo veas de una manera totalmente distinta.

Si ya has probado la meditación, espero que estés receptivo o receptiva a esta manera diferente. He descubierto que incluso personas muy experimentadas en meditación se benefician de este método, porque aunque este libro está escrito para principiantes, también le resulta útil a los principiantes avanzados. (Principiantes avanzados son personas que están siempre dispuestas a volver a empezar.)

Ateniéndome a un espíritu de simplicidad, he evitado incluir citas y alusiones a estudios, emplear lenguaje religioso, introducir diagramas, tablas u organigramas y hacer comparaciones transculturales. Simplemente prueba a hacer los ejercicios. No hace falta que dejes tu trabajo, que busques una niñera o canguro ni que alquiles una cabaña junto a un lago. No necesitas comprar ningún tipo de ropa especial. No necesitas llevar un diario. No necesitas unirte a un grupo, adquirir un equipo especial, reordenar tu oficina, bajar un programa de la Red ni comprar un DVD con intrucciones de mi sitio web. Todo lo que necesitas está aquí, exactamente donde estás tú.

PRIMERA PARTE

Ejercicios básicos

En esta primera parte del libro aprenderás el Minuto Básico, el cimiento del Método Un Momento. El primer capítulo te presenta este ejercicio, y los siguientes te serán útiles para profundizar tu experiencia y comprensión. Podrías pensar que en esta parte hay muchos detalles para algo que, al fin y al cabo, sólo es un minuto. Pero dado que el Minuto Básico es muy condensado, requiere el mismo grado de habilidad que podrías necesitar para hacer un ejercicio que lleva una hora. Cuanto más practiques el Minuto, más sutilezas descubrirás en él. Por ejemplo, hay ciertos aspectos del Minuto, como la respiración y la postura, que al principio parecen muy obvios, pero que con el tiempo se vuelven más fascinantes. O igual podrías descubrir que mientras aprendes el Minuto te pasan tantas cosas por la cabeza que te agobies. Ahora bien, con el tiempo, a medida que la mente se vaya calmando y moderando la marcha, el Minuto se hará más espacioso, aun cuando siga durando sólo un minuto.

El Minuto Básico

Para hacer el Minuto Básico vas a necesitar un temporizador o un despertador en el que se pueda programar un minuto exacto (un reloj avisador de cocina es ideal). Más adelante prescindirás del avisador, pero por ahora es esencial. Lo siguiente que necesitas es encontrar un tiempo y un lugar en el que no te interrumpa o perturbe nadie ni nada. Trata al Minuto como si en él fueras a experimentar algo realmente profundo, aunque sólo sea en un minuto. Está abierto o receptivo a la posibilidad de que, en palabras del poeta sufí Jalal al-din Rumi:

Un ratito solo en tu habitación
resultará más valioso
que cualquier otra cosa que
se te pudiera dar.[1]

En términos prácticos esto significa cerrar la puerta y desconectar el teléfono; apagar el ordenador para no estar pendiente de los correos electrónicos y bajar el volumen del contestador automático; poner un letrero en la puerta: «Vuelvo dentro de un minuto». En otras palabras, significa pulsar la tecla «Pausa» en tu vida. Date cuenta de que hay pocas cosas que sean tan urgentes que no puedan esperar un minuto.

Ahora que te has labrado un minuto de soledad, siéntate. Es mejor elegir una superficie dura, por ejemplo el borde de una silla o un cojín firme en el suelo, para que no te hundas, no se te ladee el cuerpo ni quedes medio encogido o repantigado. Y asegúrate de no apoyarte en nada, por ejemplo en los brazos de un sillón. En cuanto a las piernas. Elige cualquier postura en la que sientas el cuerpo en equilibrio, estable, simétrico, una postura que puedas sostener sin cambiar de posición durante un minuto. Si te sientas en el suelo, procura cruzar las piernas; si lo haces en una silla, simplemente apoya firmemente las plantas en el suelo, o engancha los pies en las patas de la silla (procura que no te quede un pie colgando, porque podría comenzar a balancearse sin que te dieras cuenta). En todo caso, sea cual sea la postura que elijas, el punto principal es el siguiente: cuando estás sentado de un modo equilibrado, estable y quieto, practicas ser equilibrado, estable y quieto.

Ahora que estás sentado, endereza la espalda. Imagínate que te tiran de la coronilla hacia arriba, elevándote, separándote del suelo. No intentes hacerlo con mucho vigor; eso sí, simplemente anima amablemente a tu columna a alargarse. Esto podría parecer un ejercicio de estiramiento, pero considéralo así: desde el momento en que estamos en la Tierra, la gravedad nos tira hacia abajo, así que hace falta cierta resolución para elevarse. Paulatinamente esto se convertirá para ti en una segunda naturaleza. Te despojarás del peso del mundo. Considéralo una tracción cósmica.

Ahora que estás sentado con la espalda erguida, relájate. Cuanto más te familiarices con esta postura, más pronto te relajarás. La cabeza se te levanta y todo lo demás se afloja. Los órganos se acomodan en su lugar, los pulmones tienen más espacio para hacer su trabajo.

Ahora pon el reloj avisador o temporizador en un minuto exacto. Quizá te parezca tonto usar este aparato sólo para un minuto, pero es necesario, de verdad. Tener controlado el minuto te permite olvidarte del tiempo, y asegurarte de que no te vas a distraer. Ni se te ocurra pensar que puedes hacer el Minuto Básico con un ojo puesto en el reloj. Es esencial que, durante un minuto, dejes totalmente de controlar el tiempo, y esto exige un avisador.

Podrías estar tentado a poner más de un minuto, basándote en la teoría de que obtendrás más del ejercicio si lo haces durante más tiempo. No lo hagas, por favor. Este ejercicio está pensado para convencerte de que de verdad puedes experimentar sosiego o paz en sólo un minuto. Así que si lo haces durar más, errarás el tiro.

En cuanto a las manos, la mayor parte del día las tienes muy ocupadas haciendo cosas, muchas veces sin que te des cuenta. Pero en el Minuto Básico te conviene concentrar toda tu energía en un solo lugar. Procura colocar una mano en cada rodilla o las dos en el regazo, una encima de la otra. Hay muchas maneras de hacer esto, pero lo más importante es que las manos estén equilibradas, simétricas y quietas, igual que las piernas.

Ahora cierra los ojos. Inspira y espira suavemente por la nariz. Si esto te resulta raro, o tienes un catarro, hazlo por la boca, por supuesto. No tiene importancia si la inspiración es más larga que la espiración o viceversa. Lo único que importa es hacer una inspiración y una espiración, una tras otra, una y otra y otra vez.

Ahora pon toda la atención en tu respiración. A algunas personas, la idea de «prestar atención» les desencadena una reacción de alarma, como si hubiera un sargento interior que gritara: «¡Todos firmes y presten atención!» Esta no es la mejor actitud para el Minuto Básico, porque al instante produce conflicto y miedo, y estos sentimientos no conducen al sosiego y la paz. Así pues, una mejor instrucción sería «concéntrate en tu respiración».

Pero en esto también hay un problema. «Concentrarse en la respiración» sugiere trabajo, y eso entraña la posibilidad de fracaso, otra dinámica que no es muy útil. También sugiere una división entre la mente y la respiración, que la mente está aquí y la respiración está ahí. Con una suposición como esa, nunca vas a experimentarte «todo tú» en el mismo lugar y al mismo tiempo.

Por lo tanto, podría ser mejor decir «dale un descanso a tu mente en tu respiración», o «sumérgete en tu respiración», o mi favorita: «deja que tu mente se instale en tu respiración». Elije la instrucción que mejor te siente.

Ahora permíteme decir unas palabras acerca de la respiración. Desde el momento que existimos, respiramos. El cuerpo puede moverse de aquí para allá, la mente puede vagar y divagar, pero la respiración siempre está presente, exactamente en el lugar donde nos encontramos. En el Minuto Básico simplemente decides instalar la mente en algo que está siempre presente.

En latín, la palabra «aliento», hálito, es *spiritus*, y de ahí derivan las palabras «espíritu», «inspirar» e «inspiración». Esto sugiere que hay algo muy espiritual en la respiración, y en muchas prácticas, como en el yoga por ejemplo, se explora en gran profundidad este aspecto de la respiración. Pero en el Minuto Básico es mejor no pensar en nada espiritual. No pienses en nada, o no pienses . Simplemente está presente en tu respiración con toda tu atención. Haz esto, y sólo esto, hasta que suene el avisador.

Dado que este ejercicio sólo lleva un minuto, aprovéchalo al máximo. De todos modos, incluso con un compromiso total, es muy probable que, en el espacio de un minuto, pierdas el enfoque, te olvides de tu respiración. Comenzarás a pensar en todo tipo de cosas y a preguntarte: ¿De veras soy tan distraído, tan atolondrado? Sí, todos lo somos. No te preocupes por eso. Cuando te des cuenta de que te has distraído, no te condenes ni le des importancia. Simplemente piensa «humm» y vuelve a instalar la mente en la respiración. Esto podría ocurrirte muchas veces en ese espacio de un minuto, pero continúa volviendo la atención a tu respiración hasta que suene el reloj. Entonces para. Habrás acabado.

Es estupendo hacer el Minuto Básico varias veces al día, pero lo importante es comprometerse a hacerlo por lo menos una vez, como un ancla, cada día. Pero, por favor, no te predispongas al fracaso. Con muchos propósitos nos ocurre que cuando no podemos cumplirlos nos sentimos fracasados, y entonces nos roe esa sensación de fracaso hasta que, bueno, volvemos a intentarlo, y con un poco menos de entusiasmo cada vez.

El Minuto Básico es algo totalmente distinto. En primer lugar, sólo lleva un minuto, así que es muy probable que puedas hacerlo cada día. En segundo lugar, no hay ningún problema si dejas de hacerlo uno o dos días, porque el Minuto no es acumulativo. No es como contar las calorías, correr una carrera o intentar llegar a una meta en ventas. No es como dejar de fumar, en que una sola recaída te hace retroceder un año. Para el Minuto Básico no existe el requisito de que si dejas de hacerlo un día tienes que volver al comienzo. El motivo de esto es que cada vez que haces el Minuto Básico debes estar con la mente abierta, receptiva, como si comenzaras desde el principio. (Cuanto más lo haces, en mejores condiciones estás para comenzar de nuevo.)

Así pues, aunque logres hacer el Minuto cada día, intenta considerarlo la primera vez. Cada Minuto considéralo un nuevo comienzo y abórdalo con la mente abierta, receptiva. Si hoy tienes un minuto, prueba a hacerlo. Si mañana tienes un minuto, inténtalo. Y si pasado mañana tienes un minuto, vuélvelo a intentar. En realidad, ¿qué tal si lo intentas ahora mismo?

Por favor, antes de continuar leyendo,
prueba a hacer un Minuto Básico.

El Minuto Básico

1. Crea un lugar de soledad.

2. Siéntate.

3. Coloca las piernas en posición relajada pero fija.

4. Endereza la espalda.

5. Pon el reloj avisador en un minuto exacto.

6. Coloca las manos en posición relajada pero fija.

7. Cierra los ojos.

8. Deja que tu mente se instale en tu respiración.

9. Cuando suene el reloj avisador, detente.

Para entender el Minuto

Una de las cosas que más me gustaba de fumar, cuando fumaba, era que me daba muchas ocasiones cada día para hacer una pequeña pausa. Cuando fumaba sin paprar, me las arreglaba para hacer unas veinte pausas al día. Fumar me daba un buen pretexto para no hacer nada. Aun en el caso de que fumara mientras hacía algo, había por lo menos un momento de quietud cuando desviaba la atención de lo que estaba haciendo para encender el cigarrillo, dar la primera calada y aspirar profundo. De una curiosa manera, era una experiencia contemplativa. Hoy en día, quienes hemos dejado de fumar trabajamos y trabajamos todo el día sin tomarnos ni el más mínimo descanso, como todos los demás. El Minuto Básico es una pequeña pausa para el cigarrillo, sin fumárnoslo.

El Minuto Básico es una estructura que nos permite tener una profunda experiencia de «simplemente ser». No es un tiempo para ser esto o aquello. No es un momento para tomar decisiones ni para preocuparnos por la vida. No es un tiempo para complicarnos la existencia. Durante un tiempo estructurado, en lugar de tu frenesí cotidiano de actividad, de todo ese «hacer», de forma deliberada simplemente «eres». Es como un estado de suspensión: durante un minuto entero, todo queda en suspenso. Sales del tiempo y luego vuelvés a tu vida renovado.

Sin embargo, el Minuto Básico no va solamente de dejar de «hacer», sino de «ser uno mismo». No me malinterpretes: no hay nada malo en ser uno mismo, pero sin duda eso puede requerir muchísimo esfuerzo. De vez en cuando te mereces descansar de ti.

La primera vez que hagas un Minuto tal vez no lo encuentres muy extraordinario. Pero considéralo una especie de varilla para comprobar el nivel de un profundo pozo de paz. Cuanto más te relajas en el Minuto, y confías en él, más paz encontrarás. Tal vez habrá días en que sólo consigas una gota. Pero continúas disponiendo de un manantial inagotable.

Practicando el Minuto podrías descubrir cosas curiosas acerca del tiempo. El Minuto podría parecerte frustrantemente largo si estás preocupado por algo o si estás impaciente por volver al trabajo. O igual podría parecerte que pasa muy rápido y te deja con deseos de más. A veces te sorprenderá lo ocupada que está tu mente. O tal vez encuentres increíble lo inmenso que es el descanso que obtienes de tu mente en sólo un Minuto. Con el tiempo tal vez experimentes una especie de infinitud, dentro de los límites por lo demás estrictos de un Minuto: en un minuto de reloj, el tiempo se ha alargado.

El Minuto Básico es muy diferente de otros métodos de autoayuda actuales, así que permíteme unas aclaraciones. El Minuto Básico no va del *poder del pensamiento positivo*; tampoco de *orientar* tu vida ni de *afirmar* algo que eres o querrías ser. Tampoco va de *éxito*. Y tampoco de *intención*, aparte de la intención de tomarse un descanso de intentar.

Claro que si practicas el Minuto con regularidad quizá descubras que tus pensamientos son más positivos y te gustas más. Quizá compruebes que realmente obtienes lo que deseas, o al menos te gusta lo que tienes. Podrías comenzar a notar que tienes más éxito, y que tus intenciones están más en armonía contigo mismo y con el mundo. Pero ten presente que el Minuto Básico no va de nada y no es para nada. En realidad, el Minuto Básico no es nada en absoluto. Sencillamente no es nada. Es solamente un minuto entero de nada. Justamente por eso es un alivio tan grande.

Antes de continuar, haz un Minuto Básico, por favor.

Dónde y cuándo

Con el tiempo aprenderás a obtener al vuelo los beneficios de un Minuto Básico en muchos lugares y a horas diferentes. Pero por ahora es útil tener un tiempo y un lugar (lo llamaremos tiempo-lugar) para practicarlo cada día. (Si viajas con frecuencia y rara vez estás en el mismo lugar a la misma hora, te irá bien improvisar.)

A muchas personas les gusta reservarse un lugar de la casa para la meditación o la oración, o acudir a otro lugar que consideran sagrado. Pero nada de esto es necesario para hacer el Minuto Básico: hay muchos tiempos-lugares que van bien. En este capítulo sugiero algunos que podrías probar y hablaremos de sus diferencias.

Después de levantarse/Antes de acostarse

Hacer el Minuto Básico a primera hora de la mañana es una manera fabulosa de despejar la mente y comenzar el día como nuevo antes que se apoderen de nosotros los estreses y tensiones. Hacer el Minuto Básico antes de acostarnos es una manera de limpiar la mente y acabar el día como nuevo, después de los estreses y tensiones de la jornada.

En la naturaleza

Muchas personas consideran que estar en la naturaleza les sirve para calmarse. Entonces, por supuesto, si estás cerca de un parque, un patio, un jardín, un terreno, un bosque, o incluso un árbol, prueba a hacer ahí el Minuto Básico. Pero no te obsesiones con salir a la naturaleza para practicarlo. Puedes hacerlo en cualquier lugar en el que encuentres cierta soledad.

Mi amiga Elise Thoron, neoyorquina, iba un día caminando en dirección al parque St. Stephen's Green, del centro de Dublín. Era la una menos diez, faltaban diez minutos para que todo el mundo se tomara su rutinario descanso para almorzar. Un señor mayor pasó por su lado muy de prisa. Esto ocurría en 1991, cuando Dublín era todavía una ciudad adormilada, y ver a alguien caminando con tanta prisa era extraordinario. Elise pensó qué urgencia podría tener ese hombre. Pasados unos minutos entró en el parque y volvió a verlo. Estaba sentado en un banco, en un lugar muy bello, tomando tranquilamente su almuerzo y leyendo el diario. Su prisa era para relajarse; llevaba prisa para encontrar desocupado ese asiento.

Al igual que este hombre, muchas personas creen que para estar en paz o sosiego hay que encontrar un lugar especialmente apacible o hermoso, un lugar perfecto. Esto es un error común. Creemos que sólo podemos encontrar sosiego si estamos lejos de los niños, fuera de la ciudad, en una isla desierta o en el banco perfecto de un parque. Sí, es cierto que un entorno apacible favorece la sensación de paz, pero también lo es que las personas pacíficas irradian paz dondequiera que estén, y que es posible estar en paz y sosiego en cualquier parte. Así pues, está muy bien probar a hacer el Minuto Básico en un entorno que normalmente no relacionarías con paz y sosiego.

Algunos ejemplos:

En el trabajo

Cada día, al llegar al trabajo, realizas muchos pequeños ritos, como conectar el ordenador, servirte una taza de café, abrir la correspondencia y regar la planta. Considera el Minuto Básico otro más de esos ritos. Si tienes oficina para ti solo, tendría que resultarte muy fácil comenzar la jornada con un Minuto Básico. También lo puedes hacer a la hora del almuerzo, para marcar el punto medio del día. O al final de la jornada, para ayudarte a dejar el trabajo en el trabajo.

Si no tienes tu propia oficina, prueba a hacer el Minuto Básico en un cuarto de almacenamiento o en una sala de conferencias desocupada. Si eso no es posible, te recomiendo ir al lavabo. Sí, de verdad, en serio. Muchas personas van al lavabo cuando necesitan un descanso y no pueden justificarlo de ninguna otra manera. Y muchas personas se toman unos minutos extras cuando están ahí. Estar sentado en la taza del váter parece una de las pocas actividades para las que seguimos exigiendo soledad y sobre la cual nadie hace ninguna pregunta. Así, pues, prueba a hacer un Minuto Básico mientras estás sentado en la taza del váter. (Podría convenirte hacer un viaje especial ahí para este fin.)

En el coche

También puedes intentar hacer el Minuto Básico sentado en tu coche antes de poner en marcha el motor, o mientras esperas que se caliente. O salirte secretamente de la carretera cuando vas de camino al trabajo o a otra reunión o gestión rutinaria. Claro que es posible que a un guardia de seguridad le entren sospechas al verte ahí sentado sin hacer nada o se te acerque algún buen samaritano simplemente para ver si te ocurre algo. Sencillamente di que estás muy bien, que sólo necesitabas un Minuto.

Ahora, por favor, considera dónde y cuándo podrías hacer el Minuto Básico. Elige un tiempo-lugar realista que puedas utilizar cada día. Mira tu agenda en busca de huecos que ya existen o que se podrían alargar un poquito más. Y luego intenta acomodar el Minuto Básico.

Los beneficios (para ti)

El primer beneficio que posiblemente observarás al practicar el Minuto Básico a diario es que comienzas a descubrir muchos minutos a lo largo del día en que podrías, en teoría, tomarte un Minuto. El solo hecho de ver esos minutos empieza a transformar tu relación con el tiempo y tu experiencia de la vida, porque ves cuántas oportunidades tienes a tu disposición para desconectar. Cada vez que ves una de estas oportunidades, aunque no hagas nada con ella, tu mente se detiene, hace una pausa, aunque sea levísima, en lugar de seguir lanzada inconscientemente.

Conforme practiques el Minuto Básico, entrarás en él más rápido y más a fondo. Te resultará más fácil desprenderte de las preocupaciones normales y centrar la atención en tu respiración, y comenzarás a saborear lo que se podría llamar «quietud», «paz» o «sosiego». Pero estas solamente son palabras para describir algo que en realidad es indescriptible, algo inefable, para lo que no hay palabras. En el Minuto Básico dejan de existir las palabras y la fraseología. El Minuto Básico es como un recreo de la prisión de las percepciones. Es difícil hacer la lista de todos los beneficios que se pueden experimentar tomándose este tiempo fuera del tiempo (por corto que sea). Son, sencillamente, demasiados.

Salud física

El estrés es la causa de muchos trastornos y enfermedades, y está implicado particularmente en los problemas del sistema inmunitario. No quiero decir que un minuto al día, en el que podrías experimentar un par de segundos sin estrés, baste para fortalecer la inmunidad, pero es un comienzo. Tomarse un minuto al día, de esta manera constructiva, podría significar un cambio radical. Con él le indicas, a ti y al mundo, que puedes y quieres simplemente «parar». Se ralentizan los motores que hacen girar nuestros pensamientos, la respiración se hace más lenta y profunda. Esto podría iniciar una tendencia.

Concentración

El Minuto Básico también sirve para aprender a enfocar la atención y concentrarse: es un minuto al día para configurar y tonificar la mente. En ese Minuto decides poner la mente en lo que eliges (en este caso, tu respiración). Una vez que sabes hacer eso, puedes poner la mente en cualquier cosa.

Salud emocional

En su libro *Inteligencia emocional*,* el escritor Daniel Goleman ha demostrado que la «inteligencia emocional» es más importante para el éxito que la «inteligencia mental» o cociente intelectual. Una persona emocionalmente inteligente es aquella que reconoce

* Daniel Goleman, *Emotional Intelligence*. Versión en castellano: *Inteligencia emocional*, Kairós, Barcelona, 2006, 62ª edición. *(N. de la T.)*

y respeta sus sentimientos pero también sabe tomarse un descanso de ellos. El Minuto Básico es un instrumento maravilloso para ayudarnos en esto. Nos sirve para calmarnos cuando estamos descontrolados, para frenarnos cuando estamos acelerados, y para encontrarnos cuando estamos extraviados.

Salud mental

Con el Minuto Básico también se aprende a salir de lo que es habitual o mecánico en la forma de pensar. Nos permite desengancharnos de cualquier cosa que pensamos o creemos inconscientemente. Si deseas saborear la libertad, aquí está. Y una vez que estás libre, lo estás para pensar o creer lo que quieras. Estás libre para afirmar lo que sea que realmente te importa, sólo que ya no te sientes obligado. Tus decisiones o elecciones son más auténticas.

Tal vez el mayor beneficio que obtenemos del Minuto Básico es el más simple: nos da la posibilidad de refrescar, de renovar la percepción. Después de todo un día, por no decir toda una vida, la mente tiende a estar algo atestada. Así como el ordenador, la casa y el cuerpo necesitan cuidados de mantenimiento para funcionar bien, así también los necesita la mente. Con sólo un minuto al día se pueden eliminar los virus y defragmentar la mente, mejorando de modo importante su rendimiento. Puedes eliminar las perspectivas limitadoras del pasado y comenzar a ver las posiblidades infinitas del presente.

Otros beneficios

Los beneficios del Minuto Básico no se limitan a lo mental, emocional, físico o espiritual: son muy prácticos. Practicando el Minuto Básico puedes organizar o administrar mejor el tiempo, porque ya no eres prisionero de éste. Tienes más flexibilidad dentro del tiempo. Sabes tomarte un descanso cuando lo necesitas y tienes algo muy valioso para hacer durante ese descanso.

El Minuto Básico también nos sirve para vivir más conscientes: para percibir lo que somos y lo que deseamos de verdad. Observarás que tienes menos propensión a hacer las cosas automáticamente y a seguir a la multitud; que estás más sintonizado contigo mismo, por lo que tiendes menos a comprar cosas que no necesitas, a unirte a grupos que no te gustan o a asumir responsabilidades que no deseas.

El Minuto Básico también nos es útil para evitar accidentes, porque comenzamos a advertir con más agudeza cuándo estamos estresados y somos menos capaces de hacer frente a las dificultades. También mejora la toma de decisiones, ya que uno sabe calmarse, serenarse y despejar la mente a voluntad. Sabemos reconocer cuando estamos desequilibrados y sabemos recuperar el equilibrio.

Tal vez la mayor dificultad que encontrarás en esta fase será creer que con tan poco se pueda conseguir tanto. Pero de eso se trata, justamente. Continúa haciendo fielmente el Minuto Básico una vez al día. Poco a poco, los Minutos resonarán entre ellos, se amplificarán mutuamente y notarás que ha cambiado la banda sonora de tu vida. Considéralo similar a «unir los puntos»: cuando unimos los puntos, uno a uno, dejan de ser puntos aislados y surge ante nosotros una forma que siempre ha estado ahí pero no veíamos.

Haz un Minuto Básico ahora, por favor.

Los beneficios (para todos los demás)

La práctica del Minuto Básico no sólo es buena para ti, también es buena para los demás. Puedes incluso considerarla un acto de altruismo. Cuando practiques el Minuto Básico, las personas que te rodean notarán que estás más tranquilo, que tienes más paciencia, que eres menos propenso a saltarles encima y menos inclinado a sacar conclusiones precipitadas. Y puesto que tiendes más a advertir lo que realmente deseas hacer, sueles generar menos caos haciendo otras cosas o actuando impulsivamente. Ahora actúas con mayor claridad y decisión, basándote en fundamentos más firmes, y no sólo por parecer decidido. Tienes mejores ideas y se te ocurren mejores sugerencias, porque ves con más claridad. Estás más dispuesto a ayudar porque estás más disponible. Es decir, en lugar de generar confusión, generas calma, tranquilidad. Tal vez lo más importante es que ves y aceptas a las personas tal como son. Ves a los demás con más claridad porque cada día te tomas un Minuto para limpiar tus lentes.

Cuando practiques el Minuto Básico diariamente aparecerán todos estos beneficios sin que hagas ningún esfuerzo especial. Las personas que te rodean comenzarán a notarlos, comenzarán a comentarlos y te darán las gracias por hacer cosas que ni sabías que habías hecho. Te dirán cosas del estilo: es agradable tenerte aquí; tienes una presencia positiva; te deseamos en nuestro equipo.

También podría convenirte decirles que practicas el Método Un Momento, para que te ayuden a seguir encarrilado. Entonces, siempre que vean que pareces estresado o descentrado, te podrán decir: «Creo que necesitas un Minuto».

Ahora practica un Minuto Básico.

Dificultades comunes

Cuando hayas decidido encontrar un minuto en tu día para hacer el Minuto, es posible que al principio descubras repentinamente montones de motivos para no hacerlo. Esto se debe a que tu manera normal de ser se siente tan amenazada por esta nueva y radical aventura que intenta impedírtela. A esto los psicólogos lo llaman «resistencia», y bien podría ser que la experimentaras. Normalmente la resistencia se manifiesta como un tumulto de motivos aparentemente buenos para no hacer lo que uno realmente desea o necesita hacer. Da la impresión de que justo cuando uno está al borde de la paz, se desencadena este tumulto.

Uno de los «motivos» más comunes que tienen las personas para no tomarse un descanso es que están muy ocupadas. Bueno, es de esperar que nadie esté tan ocupado que no pueda tomarse un minuto al día. Justamente lo importante del Minuto Básico es que nos da algunas de las ventajas de un descanso mucho más largo en sólo un minuto. Pero si de todos modos sigues pensando que un minuto al día es demasiado tiempo para ti, anímate: en los ejercicios de más adelante aprenderás a obtener esos mismos beneficios en menos tiempo aún. Pero tienes que comenzar con el Minuto.

Otro motivo común de resistencia es la vergüenza. Hay personas que encuentran difícil decir a su jefe, empleados, amigos o hijos «Necesito un Minuto», como si esto fuera un signo de debilidad. Si esto es lo que te ocurre a ti, bueno, pues, faltaría más, haz tu Minuto a escondidas, clandestinamente. Pero algún día, cuando te sientas preparado, considera la posibilidad de «salir del armario» y declarar que eres practicante del Minuto Básico. Ve la posibilidad de declarar públicamente que, de vez en cuando, necesitas un tiempo. Igual descubres que hay otras personas similares a ti.

A veces la resistencia se llega a magnificar, lo que te lleva a pensar cosas como: «el mundo no sobrevivirá si me tomo un Minuto», o «soy demasiado importante para tomarme un Minuto». Y en algunos casos esto puede ser cierto, por ejemplo si pilotas un avión en solitario. Pero en la mayoría de los otros casos es ridículo. En realidad, es muy probable que lo cierto sea lo contrario: si de verdad una persona se cree tan indispensable, tan imprescindible, tan esencial en lo que ocurre a su alrededor que no se puede permitir tomarse un Minuto, esto es una señal clara de que necesita angustiosamente un Minuto, y que todos los demás necesitan que se lo tome.

Otra resistencia común es el sentimiento de culpabilidad. Muchas personas se sienten culpables si desvían la atención del mundo, como si esto fuera un acto de egoísmo. Es curioso, ¿verdad?; rara vez nos sentimos egoístas cuando hacemos unas vacaciones muy caras o nos compramos un inmenso coche o un inmenso televisor y sí cuando necesitamos un diminuto espacio de tiempo para nosotros: un minuto al día para no hacer nada. Si sufres de esta creencia, procura recordar lo que he dicho antes: que en realidad el Minuto es un acto de altruismo. Estando en paz no sólo ayudas a los demás, sino que también te convertirás en un modelo de buena conducta. Parte de la finalidad de los Ejercicios básicos es comprender que la paz mental se merece por lo menos un minuto de nuestro tiempo.

También podrías encontrar ciertas dificultades prácticas para hacer el Minuto. La primera es no disponer de un lugar lo bastante silencioso. Enfrentemos la realidad: no existe ningún lugar absolutamente silencioso. Y si tu mente desea encontrar algo para distraerte, lo hallará. Pero basta con intentar disponer de un lugar tranquilo, así que no te obsesiones con encontrar uno totalmente silencioso. Acepta el ruido que te rodea y trata de no prestarle atención. Aprende a centrar la atención en tu respiración a pesar del ruido. Mi amigo Randy Hostetler fue un compositor que captaba y disfrutaba de todos los sonidos que oía. Grababa los sonidos del mundo, los sonidos únicos del motor de un coche al acelerar, del chirrido de las bisagras y de los crujidos del suelo de madera, y los introducía en sus composiciones. Como comentó su abuela, Randy «nunca oía un ruido, sólo oía música». En este aspecto, era un maestro.

Pero lo más importante es que no te interrumpa alguien que te busca a ti en concreto. Si te interrumpen, procura no enfadarte. Algún día, finalmente, serás «ininterrumpible» porque te habrás vuelto imperturbable. Mientras tanto, si te interrumpen y tienes que parar el Minuto, simplemente cede lo que queda del Minuto a lo que sea; acepta lo que ocurre amablemente, abre los ojos y continúa respirando.

Otra dificultad común es el cansancio, porque somos muchos los que vivimos faltos de sueño; estamos tan entregados a la actividad que cuando paramos nos quedamos dormidos. Pero aunque el Minuto Básico es relajador, no lo debe ser tanto. En realidad, es una especie de estado de alerta relajado, de paz consciente, que es muy diferente de estar dormido. Así pues, procura estar despierto durante el Minuto Básico. Si no lo consigues, es probable que necesites echar una cabezada, una siesta o acostarte más temprano.

También es posible que a veces tengas dificultades para estar presente en tu respiración; tendrás la cabeza llena de dudas, distracciones, ruidos mentales, pensamientos negativos y planes, y simplemente no los puedes desechar, ni siquiera durante un minuto. De todos modos, incluso así, te resultará muy beneficioso estar simplemente sentado ahí, tener ese tiempo cada día para estar sentado en esa postura, quieto y en silencio.

Míralo de este modo: si fueras flotando por un río sobre una balsa podrías ir tan embelesado por el paisaje que estás viendo a ambos lados que te olvidarías de que vas en una balsa; pero continuarías en esa balsa y de tanto en tanto recordarías, tal vez con un sobresalto, que estás en ella. Así que aunque pudieras creer que el Minuto no te funciona, sigue sentándote ahí quieto cada día. Y un día te darás cuenta, tal vez con un sobresalto, que te sientes más en paz que antes.

También podrías comprobar que mientras haces el Minuto salen a la superficie algunos aspectos de ti que te eran desconocidos. Cuando uno se separa de sus precupaciones cotidianas normales queda espacio para que entren en la conciencia asuntos más profundos que se han reprimido, olvidado, o que ni siquiera se conocen. Entonces surgen para que podamos liberarnos de ellos. Esta es la manera como la mente limpia la casa, espontáneamente, aprovechando que se le ha presentado la oportunidad de hacerlo. Si bien esto podría ser momentáneamente perturbador, a la larga tendrás mucho más espacio.

También podrías descubrir que durante el Minuto Básico experimentas pequeños dolores y malestares. Si estás sentado correctamente, no es la postura la que te causa esos malestares o dolores. Lo más probable es que sean malestares o dolores reprimidos, restos de sentimientos de viejas heridas, de intervenciones quirúrgicas del pasado o de estrés crónico, que salen para que se los libere.

Por último, podría ocurrirte que a pesar de tu compromiso y entusiasmo, cuando te sientas para hacer el Minuto Básico descubres que no deseas estar ahí. Esto podría llevarte a fantasear acerca de otros lugares más agradables donde preferirías estar (la cama, la playa, el bar) o a desear con fuerza estar «en cualquier parte que no sea esa». Inevitablemente, el Minuto Básico tiene algo que nos obliga, y a nadie le gusta estar obligado. Nos gusta tener nuestras opciones. Todos deseamos espacio para movernos. El Minuto Básico podría ser el primer momento en tu vida en que realmente intentas estar en un lugar todo entero al mismo tiempo: mente, cuerpo, corazón y alma. Esto es importante porque si no aprendemos a estar en un lugar al completo, como si dijéramos, siempre estaremos fragmentados. Si de veras deseamos experimentar paz mental hemos de aprender a estar en paz dondequiera que nos hallemos. Así pues, considera el Minuto una manera corta pero valiosa de aprender a estar donde estás, aunque a veces no te guste.

Ahora practica un Minuto Básico, por favor.

El calentamiento

Si quieres duplicar la eficacia del Minuto Básico, y logras encontrar «medio» minuto más, este capítulo es para ti.

Siempre que queremos conseguir el máximo rendimiento, el calentamiento es esencial. Los actores, bailarines, oradores, atletas y deportistas se lo toman muy en serio, y todos nos preparamos para las reuniones y empollamos para los exámenes. Es útil hacer un calentamiento antes del Minuto Básico, porque sin él podría sentirse como algo repentino el paso o transición de la mente estresada a la relajada del Minuto. Sin calentamiento podrías pasarte la mayor parte del Minuto Básico simplemente llegando a él.

Pero el calentamiento es también un acto simbólico, un rito de preparación, en el que reforzamos la importancia de lo que vamos a hacer y nos recordamos que hemos de tomarlo en serio. Un rito entraña despejar un espacio para que ocurra algo importante, y al hacer ese espacio mejoramos las posibilidades de éxito. Imagínate a un pintor eligiendo y ordenando sus pinceles o a un cirujano lavándose bien las manos: estos actos no son puramente funcionales, también preparan o predisponen la mente.

He aquí algunas sugerencias de calentamiento para el Minuto Básico. Haz unos sencillos ejercicios de estiramiento, o sacude los brazos y piernas para eliminar la tensión. Da unos cuantos saltos. Emite algún ruido. Haz una o dos respiraciones profundas. Bosteza. Suspira. Lávate las manos y la cara. Enciende una vela. Escribe una idea o pensamiento que te ha tenido obsesionado y luego rompe el papel. Piensa en una decisión para la que necesitas ayuda y luego olvídala. Dedica el inminente Minuto Básico a un ser querido o a alguna persona que necesita ayuda o curación. Uno de mis calentamientos favoritos es simplemente ordenar lo que tengo delante de mí: no pongo un esmero tremendo ni lo convierto en una tarea importante, simplemente ordeno unos cuantos papeles o guardo un clip en su lugar.

Experimenta con cualquiera de estas técnicas que te guste o invéntate una, pero cuando encuentres una que te vaya bien, continúa con ella. Conviértela en un hábito. Entonces el simple acto de comenzar el rito te pondrá la mente en un lugar más profundo y tranquilo. Pero tampoco hagas de ese rito un hábito. Aunque conviene familiarizarse con el acto del calentamiento también debe sentirse como algo nuevo. Así que manténlo nuevo o fresco variándolo de vez en cuando. Y, lógicamente, presta tanta atención al calentamiento como al Minuto: nunca es demasiado pronto para estar presente ahí.

Intenta hacer un Minuto Básico
con un calentamiento ahora mismo.

Durante la semana, prueba un calentamiento diferente
cada día hasta que encuentres el que te gusta más.
Entonces haz de ese calentamiento tu introducción
normal al Minuto Básico.

El enfriamiento

Puedes dar más valor aún al Minuto Básico tomándote un tiempo después para un corto enfriamiento, un rito de compleción. La finalidad de este enfriamiento es consolidar los beneficios del Minuto que acaba de pasar. Esto te ofrece un aterrizaje más suave, para volver suavemente a tu estado normal, de modo que no sea una conmoción.

Este periodo de consolidación también te sirve para unir la experiencia del Minuto con la experiencia del resto de tu vida. Sin el enfriamiento podrías pensar que la vida es una cosa o la otra: paz o estrés. Pero con el enfriamiento haces una transición gradual a las preocupaciones corrientes a la vez que sientes los beneficios inmediatos del Minuto. El enfriamiento también te sirve para observar tu «mente habitual», o cómo funcionas en el mundo: ¿qué es lo que te desliza del sosiego al estrés? ¿qué es lo primero que te preocupa o molesta? ¿qué te hace perder el equilibrio?

Para el enfriamiento puedes probar cualquiera de las técnicas de calentamiento del capítulo anterior o alguna de las siguientes, específicas sólo para el enfriamiento:

- Flexiona o enrosca los dedos de los pies.
- Da golpecitos en el suelo con los pies.
- Mira lentamente a tu alrededor.
- Observa tu primer impulso.
- Mira por la ventana.

- Evalúa cómo fue el Minuto para ti. ¿Agradable? ¿Difícil?
- Date una palmadita en la espalda por un Minuto bien hecho.

Ahora intenta hacer un Minuto Básico con enfriamiento posterior.

Después intenta hacer un Minuto Básico con calentamiento y enfriamiento.

Durante la semana experimenta con diferentes técnicas de enfriamiento hasta que encuentres la que te gusta más.

Entonces añádela a tu Minuto Básico cada día.

Práctica y perfección

Muchas tradiciones espirituales tienen por objetivo algún tipo de experiencia «última». Con ciertas variaciones sutiles, a esa experiencia se la ha llamado iluminación, gracia o rendición. El escritor Spalding Gray lo llamaba el «momento perfecto». Si bien este es un objetivo maravilloso, la mayoría de las veces pensarás que tu Minuto ha distado mucho de ser perfecto; tendrás dolorosa conciencia de todas las distracciones y tal vez incluso lo sentirás como un fracaso. Por eso las tradiciones espirituales nos enseñan que es necesario el esfuerzo, e incluso la vigilancia. Hemos de practicar (o rezar o rendirnos) para lograr la perfección. Por otro lado, muchas personas que han experimentado un momento perfecto dicen que una vez que se ha experimentado hay que continuar practicando, si no, se pierde o se olvida. Por lo tanto, aunque la práctica lo hace perfecto, también debe practicarse la perfección. De uno u otro modo, la práctica es lo esencial.

Con la práctica descubrirás que «entras» más rápido en tu Minuto. Descubrirás que sólo con entrar en la «forma» de un Minuto (haciendo el calentamiento, sentándote en la silla, adoptando la postura) ya sientes más sosiego o paz. El Minuto Básico se convierte en un viejo y leal amigo al que esperas ver cada día con ilusión. Algún día podrías incluso beneficiarte de un Minuto simplemente imaginándote uno. Estés donde estés, el Minuto Básico se convierte en algo similar a un hogar.

Pero hay otro beneficio más en la fiel práctica diaria. Con el Minuto Básico te creas un nuevo espacio psíquico, y cada vez que lo practicas te introduces un poco más en ese espacio. En esto eres como la exploradora del grupo de montañeros que va delante de los demás para comprobar cómo está el terreno, limpiar o despejar un sendero y montar el campamento. Después baja y les dice a los demás: «Sí, está ahí, sé el camino. Y el resto podéis llegar allí también». Cada vez que practicas el Minuto Básico eres como esta exploradora, que se adelanta al resto de ti. Cada vez que vuelves del Minuto Básico le recuerdas al resto de ti: «Existe ese lugar de sosiego y enfoque, y con el tiempo todos vamos a vivir allí». En realidad eso es exactamente lo que sucede: con el tiempo vas a vivir toda tu vida en ese lugar y lo verás todo desde un nuevo punto de vista.

Ahora practica un Minuto Básico, por favor.

No te preocupes si no es perfecto.

El Minuto y la oración

El Minuto Básico no debe confundirse con la oración. La palabra oración viene de la palabra latina que significa «rogar», es decir, significa «hablarle a un dios o poder espiritual en forma de petición».[2] Pero en el Minuto Básico no se piensa en nadie fuera de uno mismo para pedirle nada, sólo está la respiración. La finalidad del Minuto Básico es experimentar el «simplemente ser», no pensar en nada ni hablar con nadie, ni siquiera con Dios. Así que es muy diferente de la oración.

Dicho esto, hacer el Minuto Básico y orar son prácticas complementarias. Por lo tanto, sí que puedes orar antes de hacer el Minuto Básico. También puedes dedicar u ofrecer tu Minuto a algo superior a ti: a tu ángel de la guarda, a tu santo patrono, a todos los seres, o a Dios.

En su sentido más profundo, la oración es una expresión de gratitud y una manera de alinearte con lo que es más grande o superior a ti. Sin embargo, no siempre es fácil adoptar esta actitud de humildad. Si haces un Minuto Básico antes de orar, podría servirte para vaciar la mente, para limpiarla de pensamientos de ganancia personal y alcanzar realmente la quietud y la serenidad. Con el Minuto Básico limpias la mente tal como podrías limpiar un templo. Creas un espacio sagrado en el que puedes orar con todo tu corazón.

Intenta practicar un Minuto Básico
orando justo antes o justo después.

Posibles efectos secundarios

Cuando practicas el Minuto Básico podrías encontrarte con dos efectos secundarios importantes: dicha y compasión. Este capítulo explica cómo arreglárselas con ellos.

No todo el mundo experimenta dicha en un Minuto Básico; en realidad, no forma parte del plan. Pero si experimentas dicha, está muy bien, disfrútala. La sensación de dicha podría provocarte cosquillas en partes que ni sabías que tenías. Pero ten cuidado, porque, como cualquier placer, la dicha es adictiva. Podrías encontrarte deseándola cuando se ha marchado, y esto sólo aumentaría tu sufrimiento, porque la vida ordinaria, sin dicha, puede parecer, bueno, ordinaria. La mejor estrategia es disfrutarla cuando aparece, como un nuevo color añadido a tu paleta, y luego dejarla marchar tranquilamente cuando se va, y volver simplemente a ser.

Otro efecto secundario común del Minuto es que comienzas a sentirte muy conmovido por los problemas de otras personas. Es una paradoja curiosa: cuando te vuelves más capaz de estar solo contigo mismo, comienzas a interesarte profundamente por todos los demás. No es que te sientas obligado a arreglarles sus problemas, sino simplemente que te preocupas, te interesas más. A esto se le llama «compasión», que significa «sufrir con».

La compasión es una consecuencia natural e inevitable de estar más en paz con uno mismo interiormente. Cuando empiezas a acallar la mente y a descansar de tus pensamientos, empiezas a conectar con una parte de ti que es más universal. Te sientes más conectado con todos los demás. Sientes lo que ellos sienten como si lo estuvieras sintiendo tú. Y eres más capaz de ver las cosas desde sus puntos de vista.

Pero la compasión no es sólo el «resultado» del sosiego o la paz, es también una «causa» de paz. Cuanto más sentimos por los demás, menos propensión tenemos a pensar en posibles daños que podrían hacernos o podríamos hacerles. Cuando sentimos compasión estamos más en paz porque percibimos que nadie es fundamentalmente diferente de nosotros. Esto va así: menos miedo, más paz.

Antes de pasar a la Segunda parte, por favor cerciórate de que te sientes cómodo con el Minuto y de que lo has practicado por lo menos un mes. Porque si no has practicado a fondo el Minuto, seguro que te liarás en un instante.

SEGUNDA PARTE

Ejercicios intermedios

El Minuto Portátil

Ahora que te sientes cómodo con el Minuto Básico, es el momento de intentar el Minuto Portátil. El Minuto Portátil te permitirá llevar contigo el Minuto Básico dondequiera que vayas, y practicarlo en todo tipo de situaciones difíciles o incómodas. Es también una transición esencial hacia la Maestría de Un Momento.

Pero para poder practicar el Minuto Portátil primero debes hacer un sencillo cálculo. Por suerte, no lleva ningún tiempo extra. Es sólo un ligero cambio en tu Minuto Básico. Esto es lo que has de hacer:

La próxima vez que hagas el Minuto Básico, en lugar de simplemente concentrarte en tu respiración, lleva la cuenta. Cuenta las inspiraciones y espiraciones; la primera inspiración es «uno», la primera espiración es «dos», la segunda inspiración es «tres», etcétera. Cuando suene el temporizador, anota el total. Si pierdes la cuenta, no importa, no te preocupes, inténtalo otro día. Haz esto durante unos cuantos días hasta que obtengas varios resultados, y entonces saca el promedio. Esa será la cantidad por término medio de tus inspiraciones-espiraciones en un minuto, las que haces en un minuto relajado.

Cuando tienes este número promedio, ya puedes practicar el Minuto Básico sin el avisador. Simplemente haces un calentamiento, cierras los ojos y, con toda la atención concentrada, respiras hasta llegar al número de veces de tu resultado promedio. Entonces ábrelos y dedícate al enfriamiento.

Esta liberación tiene mucha importancia. Te mereces las más cordiales felicitaciones: puedes prescindir del temporizador o avisador. (Fíjate que todavía no te liberas del tiempo, sino simplemente del avisador.) Ahora puedes llevar contigo el Minuto Portátil a cualquier parte, y disfrutar de un Minuto en cualquier lugar donde podría resultar inconveniente poner un avisador o temporizador: trenes, aviones, restaurantes, bibliotecas, cines, teatros, en tu escritorio, en el gimnasio, bajo la ducha, cuando estás amamantando a tu hijo, e incluso en la cama si alguien duerme contigo. Puedes hacerlo mientras esperas a que se cierre un trato o una venta, a que comience una obra de teatro, a que decida el jurado, etcétera.

Eso sí, cumple el número fijado. Por ejemplo, si tu número de inspiraciones-espiraciones es 26, resiste la tentación de decirte: «Bueno, he hecho veinticuatro, con eso basta, así que podría parar». La parte del final suele ser la más valiosa y sorprendente del Minuto.

Cómo es lógico, el Minuto Portátil no es tan exacto como el Minuto Básico, porque de vez en cuando uno varía el ritmo de su respiración. Cuando estás estresado o nervioso tiendes a respirar más rápido; en ese caso la cuenta de inspiraciones y espiraciones podría durar menos de un minuto. Cuando uno está relajado tiende a respirar más lento, por lo que la cuenta podría llevar más de un minuto. Es decir, el Minuto Portátil es de aproximadamente un minuto, pero aun así está bien. Los beneficios de que sea portátil superan los costes de la inexactitud.

De vez en cuando revisa tu número de inspiraciones e espiraciones en un minuto usando el temporizador y, según lo que salga, haz el cambio, para que sigas haciendo aproximadamente un minuto en el Minuto Portátil. Con el tiempo comprobarás que va disminuyendo tu número de respiraciones por minuto, que tu respiración se va haciendo más lenta. Tal vez te preguntes a qué lleva esto, hasta qué punto la vas a ralentizar. Pero no te asustes, sólo significa que cada vez estás más relajado. Esa mayor lentitud sólo refleja lo muy relajado que estás.

Durante varios días comprueba tu número de inspiraciones y espiraciones en un minuto para llegar a tu número promedio.

Después practica el Minuto Portátil una vez al día (o más) durante una semana antes de seguir leyendo.

El Minuto de Urgencia

¿Cuántas veces has deseado pulsar la tecla pausa en tu vida? ¿Cuántas veces has reaccionado impulsivamente sabiendo muy bien que lo que decías o hacías no era lo que deseabas decir o hacer? ¿Cuántas veces has deseado gritar «Dadme un minuto para oírme pensar» o «Dadme un minuto para ordenar mis pensamientos»?

Lo bueno es que ahora tenemos todo el tiempo un botiquín de primeros auxilios de finalidad general a nuestra disposición. Se llama el Minuto de Urgencia, y es simplemente un Minuto Portátil utilizable en una crisis o situación de urgencia, justo cuando más lo necesitamos.

Claro que si quieres tener un Minuto de Urgencia listo cuando sea necesario debes practicar el Minuto Portátil con mucha frecuencia. En este sentido, tu preparación es igual que la de cualquier otro trabajador de urgencia. Igual que los bomberos, los policías y los auxiliares médicos, tienes que aprender las habilidades y hacer los ejercicios, para estar preparado en los momentos de crisis. Entonces podrás hacer un Minuto incluso en una situación difícil, caótica. Más importante aún: te «acordarás» de hacerlo.

En realidad sólo hay dos tipos de urgencias: aquella en la que inmediatamente sabes qué hacer, y todas las demás. En una verdadera urgencia de vida o muerte, cuando debes correr por en medio de las llamas para salvar a un niño o coger algo antes de que se caiga, no hay necesidad de hacer el Minuto de Urgencia porque reaccionas al instante, sin pensar. El Minuto de Urgencia es para aquellas otras situaciones de la vida en que crees que debes actuar urgentemente pero en realidad no tienes que hacerlo. Con el Minuto de Urgencia evitarás reaccionar por pánico, confusión o rabia y al hacerlo empeorar las cosas. Las siguientes son situaciones concretas en las que es útil el Minuto de Urgencia, con ciertas modificaciones que podrían ser necesarias.

Pánico

Cuando sentimos terror o pánico, la respiración se vuelve más rápida y superficial y parece ir a su aire. Por desgracia, esto actúa como un círculo vicioso: cuanto mayor es el pánico, más rápida y superficial se hace nuestra respiración; cuanto más rápida y superficial es la respiración, más pánico sentimos. En este caso, podría no ser suficiente contar las respiraciones; hay que ralentizar conscientemente la respiración. Es como hacer un Minuto Portátil con el freno puesto. También podrías necesitar hacer más de una vez este ejercicio. En ese caso, sepáralos claramente. Haz una pausa corta después de cada uno para reevaluar la situación, y luego, si es necesario, haz otro.

Rabia

Cuando se siente una repentina oleada de rabia es muy difícil recordar la manera normal de ver las cosas. Es difícil mirarlas racionalmente, ver el cuadro grande o ver el punto de vista de la otra persona. No hay nada malo en la rabia de por sí; es una emoción humana normal y nos puede aportar grandes beneficios. El problema es cuando la rabia se descontrola totalmente, cuando no la calmamos o cuando hace verdadero daño a otros.

La estrategia clásica para hacer frente a la rabia es «contar hasta diez». Según la teoría, si uno cuenta hasta diez antes de estallar, no estalla. Es una idea bonita, pero yo, cuando estoy furioso y cuento hasta diez, tengo la sensación de que solamente estoy haciendo tiempo, y cuando he acabado de contar, vuelvo a estar furioso. Es decir, contar hasta diez puede retrasar el estallido, pero no hace mucho para transformar la rabia.

En cambio, un Minuto de Urgencia es otra cosa, totalmente distinta. La diferencia está en que durante un Minuto de Urgencia uno vuelve a una experiencia que le es muy conocida. Ese «lugar» interior que has descubierto con el Minuto Básico es como un refugio que puedes llevar contigo a todas partes. Y cuanto más practicas el Minuto Básico y el Minuto Portátil, más fácil te resulta encontrar ese lugar.

Imagínate un típico espectáculo de rodeo de Estados Unidos, en el que el vaquero monta un toro bravo retenido en el toril. Cuando sueltan al toro y sale al ruedo, encorvándose, levantando las patas traseras y delanteras, furioso, la única tarea del vaquero es mantenerse encima, sin que el toro lo tire al suelo. El vaquero no intenta detener al toro, no intenta apaciguarlo ni hacerlo volver al toril; no intenta hacerse amigo del animal ni producir una conversión religiosa en él. Simplemente intenta mantenerse encima. Lo mismo ocurre con la rabia. Intenta que no te derribe ni te haga volar por los aires. Siente la energía que se ha liberado de su toril y respira con ella. Intentar obligar a un toro furioso a calmarse antes que esté preparado sólo lo enfurece o aterra más. En otras palabras, no trates a la energía de la rabia como si fuera algo malo que hay que resistir. Simplemente «respira con ella». Podrías descubrir, incluso, que una vez que las cosas se calman un poco, la experiencia te ha dado mucha energía.

Presión

El Minuto de Urgencia también es muy útil cuando uno se siente presionado o urgido. Esta experiencia proviene a veces del exterior, del trabajo, de la pareja, de los hijos, o simplemente de la vida, y sientes que te aplasta, te aplasta, y que vas a reventar por dentro. O quizá provenga del interior, como por ejemplo, de una enorme acumulación de frustración por todo, que te hace sentir como si fueras a explotar.

En estos casos no es muy útil imaginarse que uno está libre de la presión. Como ocurre con la rabia, es importante honrar la energía tal como es. Una imagen útil para entenderlo es una olla a presión. Una olla a presión aprovecha la intensa presión para cocer el alimento, pero también deja escapar vapor, poco a poco, para no explotar. Así pues, cuando hagas un Minuto de Urgencia porque te sientes presionado, procura alargar muy ligeramente la espiración, como si fueras una olla a presión. Es útil incluso emitir un suave sonido al espirar, como el silbido de la válvula de la olla. Pero no sueltes el aliento demasiado pronto. Cuando te sientes presionado lo mejor es soltar la presión lentamente, y no rápido, porque en realidad podrías necesitar algo de esta presión: podría estar cociéndose algo nuevo dentro de ti. Por lo tanto, igual que una olla a presión, suelta el vapor poco a poco, un poquito cada vez, para asegurar que sigues cociendo algo, pero no explotas.

Confusión

Todos pasamos por momentos en que nos sentimos muy confusos para tomar una decisión importante en situaciones en que necesitamos una respuesta inmediatamente y, a pesar de los esfuerzos que hacemos, la respuesta no viene. Personalmente, creo que si la respuesta no es evidente quiere decir que aún no está preparada para ser evidente. El Minuto de Urgencia es útil en este caso porque en esta situación no tienes otra opción que esperar, y lo mejor que puedes hacer mientras esperas es un Minuto de Urgencia. En primer lugar, te permite descansar de la confusión, tomarte un respiro. En segundo lugar, estarás mejor preparado y dispuesto para oír la respuesta cuando aparezca. En tercer lugar, dado que tendrás más clara la mente, aumentarán tus posibilidades de ver o captar la respuesta cuando aparezca. Por último, el Minuto de Urgencia te sirve para aceptar mejor el hecho de que, en ese momento, «no sabes», y para refrenarte de actuar, mientras tanto, por desesperación.

Conmoción

Lo primero que ocurre cuando experimentamos una conmoción, por un peligro o impresión desagradable, es que se paraliza el diafragma y la respiración se vuelve muy superficial. Esto forma parte de lo que se llama «reacción de sobresalto», y después puede llevarnos mucho tiempo, a veces años o incluso toda la vida, aprender a respirar plenamente otra vez.

Se dice que los animales, cuando se encuentran en una situación así, tienen una de estas dos reacciones: luchar o huir. Pero esto no es todo el abanico de reacciones animales; otra reacción animal típica es «hacerse el muerto». El psiquiatra Ivor Browne ha observado que esto es lo que tendemos a hacer muchos seres humanos en situaciones traumáticas.[3] Nos cerramos emocional y físicamente, como si estuviéramos muertos. Si bien hacerse el muerto puede ser un valioso mecanismo para arreglárselas en algunas situaciones, por ejemplo cuando no soportamos asimilar lo que ocurre, también inhibe nuestra capacidad para procesar lo que ocurre y tomar decisiones.

Cuando la persona se hace la muerta se desconecta del flujo de la experiencia y con el tiempo se vuelve menos capaz para experimentar algo. Al hacerse la muerta la persona dice «Esto no me puede estar ocurriendo a mí», pero la realidad es que sí le está ocurriendo. Si haces un Minuto de Urgencia tan pronto como sientes la conmoción, continúas presente en la experiencia y conectado con la vida. Mientras contraer el diafragma es una manera de decir «Esto no me está ocurriendo», distenderlo y liberarlo es como reconocer «Esto me está ocurriendo y soy capaz de respirar mientras ocurre». Y mientras respiras, comprendes que estás respirando, que sigues ahí y que eres capaz de arreglártelas.

Ocurra lo que ocurra alrededor, lo único que se puede hacer es cambiar uno mismo. Puede que no seas capaz de prevenir un bajón económico o un desastre natural; puede que no seas capaz de terminar un trabajo a tiempo; puede que no logres obligar a otras personas a hacer lo que deseas que hagan, pero siempre puedes tomarte un minuto. Puedes tomarte un minuto para desacelerar el coche de tu vida y para limpiar los parabrisas. Puedes tomarte un asueto de un minuto vaciando la mente de todas sus preocupaciones. Puedes tomarte unas vacaciones de un minuto tocando algo en tu interior que sientes sagrado.

Ahora tómate un minuto para anotar algunas situaciones en que has experimentado, o tendido a experimentar, rabia, confusión, presión o conmoción, situaciones en que podrías recurrir a un Minuto de Urgencia.

Mientras lees los capítulos siguientes, continúa practicando el Minuto Portátil una vez al día y el Minuto de Urgencia cuando sea necesario.

El Minuto Sorpresa

Cuando domines el Minuto Básico y te hayas liberado con el Minuto Portátil, intenta practicar el Minuto Sorpresa. Por definición, los Minutos Sorpresa no se planean, por lo tanto no se pueden practicar. Ocurren así: primero caes en la cuenta de que no tienes absolutamente nada que hacer en un determinado momento; entonces comienzas a sentir un tironcito hacia el sosiego, el leve deseo de tener un minutito para ti. Finalmente dices «Qué diablos, me voy a tomar un minuto». ¡Sorpresa!

Estos Minutos Sorpresa son muy deliciosos, verdaderas bonificaciones en una vida ajetreada. Cuanto más hayas practicado el Minuto Básico y el Minuto Portátil, más Minutos Sorpresa encontrarás a lo largo del día. En realidad te va a sorprender descubrir cuántos Minutos Sorpresa encuentras, incluso en días que pensabas que los tenías muy llenos. Estos Minutos Sorpresa siempre han estado ahí, pero tú no los veías. O tal vez sí los veías pero no tenías nada particularmente útil para hacer con ellos. Ahora ya sabes otra cosa. Ves que cada día tiene muchas, muchísimas oportunidades para reservarse un Minuto.

Cada vez que te reservas un Minuto Sorpresa, sobre todo cuando no lo «necesitas», eso ayuda a que sea menos probable que te sientas estresado o que tengas un conflicto después. Es un ataque preventivo para la paz.

A medida que encuentres y disfrutes de más Minutos Sorpresa a lo largo del día, quizá descubras que en realidad no estás tan ajetreado como pensabas. Muchas de las cosas que creías que tenías que hacer no tienes por qué hacerlas. Muchas de las cosas que hacías de modo distraído o complicado ahora te resultan más fáciles y te ocupan menos tiempo. Y muchas de las cosas que antes deseabas hacer ya no son ni la mitad de placenteras como hacer un Minuto.

Quizá también descubras que cuando estás ocupado no te sientes ocupado: lo llevas todo con ecuanimidad, haces una cosa después de otra, fluidamente. Ahora estás realmente llegando a una parte.

Haz un Minuto Sorpresa ahora mismo.

El Minuto Extra

Una de las grandes promesas de la «tecnología» era que nos daría más tiempo. Las cosas no han resultado así. Parece que siempre que aparece un nuevo aparato para ahorrarnos tiempo llenamos ese tiempo con más actividad. Hacemos más y más, más rápido, y aunque somos más ricos que nunca en la historia de la humanidad, nos sentimos «pobres en tiempo».

Un motivo de esto, supongo, es que aunque la tecnología nos ahorra tiempo, nos quita espacio mental. Antes, cuando teníamos que hacer más tareas a mano, estas nos llevaban más tiempo, y mientras las hacíamos teníamos un rato para pensar, soñar o no pensar. Por lo tanto, ahora que pasamos menos tiempo haciendo sencillos trabajos manuales nuestra mente tiene menos tiempo libre.

El Minuto Extra nos ofrece una manera de compensar esto. En realidad, aumenta los beneficios de la tecnología de ahorro de tiempo. Para poner en práctica el Minuto Extra sigue los siguientes pasos. Siempre que notes que algo te ha llevado menos tiempo del que imaginabas, tómate un Minuto para celebrarlo. Siempre que llegues a algún sitio antes de lo que esperabas, o acabes un trabajo antes del plazo fijado, tómate un Minuto para agradecerlo. Cuando se te estropea el ordenador y te preparas para pasar una fastidiosa hora hablando por teléfono con alguien del servicio técnico y resulta que, ante tu sorpresa, no tardas en conectar con una persona agradable que te resuelve el problema en quince minutos, piensa: «Acabo de ahorrarme cuarenta y cinco minutos. Seguro que puedo dedicar uno de ellos al Minuto».

A medida que te vayas acostumbrando a esta práctica, tómate un Minuto Extra cada vez que caigas en la cuenta de que lo que has hecho o estás haciendo te habría llevado muchísimo más tiempo hace cincuenta o cien años. Así, cuando vayas en avión, piensa en lo mucho que tardarías en hacer el viaje en barco, y tómate un Minuto. Cuando envíes un *e-mail*, piensa en lo mucho que tardarías en escribir esa carta a mano, y tómate un Minuto. Cuando pongas la ropa en la lavadora, piensa cuánto tardarías en lavarla restregándola contra una piedra junto al río, y tómate un Minuto.

El Minuto Extra te ofrece una manera de reinvertir los dividendos de la tecnología en el banco del bienestar y la salud. Esta es realmente la única manera de ahorrar tiempo.

Experimenta con el Minuto de Urgencia, el Minuto Sorpresa y el Minuto Extra siempre que se te presente la oportunidad. Mientras tanto, practica el Minuto Portátil una vez al día durante un mes antes de pasar a la Tercera parte.

TERCERA PARTE

El Momento en el Tiempo

Practicando las técnicas expuestas en este libro podrías descubrir que tienes más tiempo, que éste parece alargarse o que piensas en él de otra manera. Esto se debe a que el Método Un Momento está ideado para relajar tu experiencia del tiempo momento a momento, un momento a la vez.

Dado que esto podría ser perturbador o, sencillamente, difícil de creer, he escrito esta parte más filosófica, para demostrarte que el tiempo no es algo tan fijo como tendemos a pensar. Esta parte del libro es para aquellos lectores que, como yo, consideran que filosofar un poco a veces contribuye a aclarar la mente. Nos sirve para podar o eliminar ciertas suposiciones, con lo que quedamos abiertos y receptivos a nuestras auténticas experiencias. Pero siéntete en libertad para saltarte toda esta Tercera parte, si quieres, porque no es esencial para el Método Un Momento. Lo que vale y cuenta más es tu experiencia.

La percepción del tiempo

Si bien tendemos a creer que el tiempo es algo fijo que simplemente está «ahí», nuestra experiencia nos dice que en realidad es muy variable. Depende de cómo nos sentimos, de lo que estamos haciendo, de la edad que tenemos, de nuestra cultura e incluso de nuestro lugar en la historia. Es decir, aunque lo consideramos un «absoluto», nuestra experiencia del tiempo es «relativa».

Cuando somos niños y muy jóvenes tenemos todo el tiempo del mundo. Tenemos tanto tiempo que no se nos ocurre que puede agotarse; incluso deseamos que pase más rápido («seis» se ven muy lejos cuando estamos en «cinco tres cuartos»). Sin embargo, alrededor de los cuarenta años comenzamos a sentir que el tiempo pasa demasiado rápido y que es posible que nunca tengamos la oportunidad de hacer todas esas cosas que hemos ido dejando para después. Ya de mayores llegamos a la dolorosa comprensión de que «nuestros días están contados». Ya no damos por hecho que nos despertaremos cada mañana (mis padres hacen la broma de que a su edad ya ni siquiera compran plátanos verdes). El gran reto psíquico de la vejez es darle sentido al tiempo que hemos vivido y hacer las paces con el que nos queda.

Cuando estamos disfrutando el tiempo parece transcurrir rápido («El tiempo vuela cuando lo estás pasando bien.») Pero cuando estamos aburridos o esperando algo nerviosos nos sentimos excesivamente conscientes de que el tiempo pasa muy lento («Cuando miras la olla parece que no va a hervir nunca»).

Una de las experiencias más gratificantes del tiempo es una no experiencia del tiempo llamada «estado de flujo» o «fluir». Según el psicólogo Mihaly Csikszentmihalyi,* este estado ocurre cuando estamos intensamente absortos en una actividad que es difícil pero no demasiado. En el estado de flujo perdemos la noción del tiempo, dejamos de notarlo. Tenemos la paradójica experiencia de que este pasa rápido, porque estamos disfrutando muchísimo, y, a la vez, de tener mucho, porque estamos muy atentos a lo que estamos haciendo. A veces el tiempo se experimenta como algo capacitador y útil. Por ejemplo, cuando nos estamos recuperando de una enfermedad, creemos que el tiempo es el «gran sanador», y cuando estamos de duelo o con una gran aflicción, los amigos nos aconsejan «darle tiempo». Pero si nos sentimos deprimidos, nos parece que el tiempo no está «de nuestra parte». Perdemos la fe en el fluir del tiempo, como si la película de la vida se hubiera detenido en un fotograma particularmente desagradable. Entonces, cuando se nos pasa la depresión, este vuelve a moverse: recordamos que todo pasa y creemos que la vida será mejor cuando hayan pasado las cosas.

Las actitudes hacia el tiempo varían también de una cultura a otra. En algunas, las personas no se dan prisa mientras que en otras no saben parar. Las hay que calculan las horas de manera aproximada, mientras que para otras son exactas. Una vez coordiné un proyecto en el que participaban irlandeses y japoneses y la diferencia en su actitud hacia el tiempo fue un verdadero problema. Pasados varios días de confusión respecto a la hora de la reunión, mis colegas japoneses me pidieron, con cierta exasperación,

---

* Hay versiones en castellano de libros de Mihaly Csikszentmihalyi, por ejemplo: *Fluir: una psicología de la felicidad* (Kairós, Barcelona, 1997); *Aprender a fluir* (Kairós, Barcelona, 1998); *Creatividad* (Paidós Ibérica, Barcelona, 1998), y *Experiencia óptima* (Desclée Brouwer, Bilbao, 1998). *(N. de la T.)*

que les aclarara si el horario estaba en «horas japonesas o irlande-
sas». Para los japoneses la hora era exacta, en punto; la hora irlan-
desa siempre variaba en unos minutos.

Las personas también tienen sus propios juicios acerca del
tiempo. Algunas creen que estar ocupadas es señal de éxito o po-
pularidad. Otras hacen todo lo posible por «mantenerse ocupadas», temerosas de lo que podrían comprender si no lo estuvie-
ran. Las hay que consideran una virtud mantenerse ocupadas,
como si tener tiempo libre fuera un pecado. Otras, como los pintores, escritores y demás artistas, ansían tener tiempo libre ilimi-
tado para poder crear. Los monjes y las monjas dedican meses e
incluso años a la contemplación silenciosa, y consideran sagrado
ese tiempo.

Nuestra percepción del tiempo también está muy relacionada con el trabajo. En la era industrial, con relojes mecánicos, ca-
denas de montaje y estudios sobre la eficiencia, se hizo importante saber exactamente cuántas unidades se producían en un
periodo de tiempo determinado y la hora exacta en que el trabajador fichaba. En general, cuanto más se trabajaba más te paga-
ban. No es de extrañar que llegáramos a creer que el tiempo es
oro. Y tampoco, que comenzáramos a mirar el reloj. Y a contar,
contar y contar.

En la Era de la Información vamos avanzando hacia el «tiempo flexible». El trabajo en tiempo no tiene tanto sentido como antes, ya que las ideas no son «objetos» y no se pueden medir en unidades. Una idea, concebida en un momento, puede tener consecuencias enormes. Por lo tanto, una «persona de ideas» tiene una
actitud más flexible hacia el tiempo. Aprende a producir las circunstancias especiales, y muchas veces bastante excéntricas, que
favorecen la creatividad y a confiar en la inspiración cuando esta
aparece, tarde el tiempo que tarde.

La tecnología también ha alterado nuestra percepción del tiempo. Hoy en día vivimos «por encima» de la naturaleza, como si hubiéramos dominado sus ritmos. Frutas y verduras que antes eran de temporada ahora las tenemos todo el año, envasadas al vacío. Ya no estamos limitados por la luz diurna: con luz eléctrica, calefacción central, aire acondicionado e Internet, nuestro mundo está abierto para el trabajo, los negocios y para el placer, las veinticuatro horas de los siete días de la semana. Ahora podemos hacer lo que queramos, durante los adormilados días de invierno y el abrasador calor del verano. En las ciudades y suburbios consideramos interrupciones la nieve y la lluvia: la naturaleza es algo que obstaculiza nuestras idas y venidas al y del trabajo.

Antes, cuando los viajes se hacían a caballo y no había teléfonos, la experiencia del tiempo tuvo que haber sido más aproximada. Debía de ser muy común llegar con días o incluso semanas de retraso después de un largo viaje. Actualmente, en cambio, accedemos a información sobre llegadas y salidas en la Red y por teléfono. Y podemos explicar cada fase de nuestro viaje: «Estoy atascada en el tráfico»; «Acabo de parar para poner gasolina»; «Estoy en el tren»; «Me estoy bajando del tren»; «Estoy a cinco minutos»; «Baja a abrirme la puerta dentro de un minuto»; «Estoy en la puerta».

Pero mientras llevamos la cuenta del tiempo con más y más exactitud, también nos volvemos un poco paranoicos. Recelamos del tiempo, nos obsesionamos por éste, nos protegemos de él. Y, por lo que parece, con cuanta mayor precisión llevamos la cuenta del tiempo, menos tenemos.

Algunas personas necesitan menos tiempo para hacer bien su trabajo: necesitan un plazo límite o *deadline*.* Al principio, esta

---

* En inglés la palabra es *deadline*, que literalmente quiere decir «raya o límite de muerte». (*N. de la T.*)

palabra se empleó para nombrar un límite que se marcaba en una prisión militar, indicando que el prisionero que lo cruzara corría el peligro de que lo mataran de un disparo. Y así es como solemos sentirnos cuando nos acercamos al plazo límite, como si fuéramos a morir. Sin embargo, parece que tener la sensación de que el tiempo se «acaba» nos centra la atención en hacer la última y más difícil parte del trabajo. Un plazo límite podría producir ese poco de entusiasmo extra, como si estuviéramos en la recta final para llegar a la meta. Hay muchas personas que sin un plazo límite no producen nada en absoluto, y que con la presión del plazo límite son capaces de hacer un diamante.

Sea cual sea nuestra percepción del tiempo, somos seres físicos: tenemos el cuerpo, que está sujeto al tiempo, y en algún rincón de la mente está la idea del tiempo como el coco. Por ejemplo, cuando las mujeres dicen que les está sonando el «reloj biológico», no lo dicen con placer, sino con miedo. El amable Padre Tiempo se mezcla con el Implacable Segador.

Una de las percepciones más comunes del tiempo es que es una «prisión». Nos sentimos encadenados por el tiempo. Nos sentimos víctimas del tiempo, con demasiado por hacer y poco tiempo para hacerlo. Trabajando más horas cada día y tomándose menos días libres, muchas personas ansían tener más tiempo o por lo menos un tiempo libre. Teniendo la vida tan programada, nos faltan oportunidades para olvidarnos del tiempo (o por lo menos desengancharnos de él). Nos sentimos culpables por la falta de tiempo para pasar con nuestros hijos, e intentamos consolarnos diciéndonos que lo que vale no es la «cantidad» sino la «calidad». Estamos tan dominados por la distribución cultural del tiempo que nos hemos alejado de nuestros ritmos naturales. Uno de los verdaderos placeres de tomarnos unas vacaciones o un tiempo sabático es que esos periodos fuera de lo común nos permiten experimentar el tiempo con más libertad. Podemos quedarnos en pie hasta bien pasada la hora de acostarnos y dormir más cuando estamos cansados.

Pero tal vez lo que realmente ansiamos no es tener «más tiempo» o un «tiempo libre», sino sentirnos «libres del tiempo». Deseamos experimentar lo que sería la vida fuera del tiempo. Muchas personas recurren a las drogas o al alcohol simplemente para tener esta experiencia. Pero esto también lo experimentamos en sueños, en cuentos y en la imaginación. En estos dominios o territorios estamos libres del tiempo y el espacio. (La frase introductoria de los cuentos de hadas «Érase una vez» no quiere decir «Hace mucho tiempo», sino «En un mundo fuera del tiempo».) En los sueños podemos atravesar paredes, cambiar de forma, convertirnos en árboles, en animales y en otras personas, conocer a nuestros antepasados y sentirnos sin límites. Nos liberamos del peso de la gravedad, sensación que tal vez no hemos vuelto a tener desde que estábamos flotando en el útero materno. En los sueños, en el teatro, en el cine, en las canciones, cuentos y poemas, nos escapamos de la prisión del tiempo y catamos lo que es posible fuera o más allá de él.

La naturaleza del tiempo

Si bien la percepción del tiempo varía, de todos modos tendemos a creer que el tiempo es «algo» objetivo. Pero hay muchísimo que no sabemos acerca de la naturaleza del tiempo, y muchísimo que tal vez nunca lleguemos a saber. El físico Paul Davies concluye: «Para ser realmente sinceros, ni los científicos ni los filósofos saben qué es el tiempo ni por qué existe».[4] En realidad, algunos físicos y filósofos alegan que el tiempo no existe.

El propósito de este capítulo no es revelar la verdadera naturaleza del tiempo ni ofrecer una historia exhaustiva de él, sino ayudarte a soltar tus suposiciones acerca del tiempo. Porque la naturaleza del tiempo es inseparable de la naturaleza de la mente. Por lo tanto, si uno cambia su forma de pensar, experimenta el tiempo realmente de modo diferente, e incluso hasta podría cambiarlo.

A lo largo de la historia ha habido dos concepciones principales sobre el tiempo: la del tiempo como algo cíclico y la del tiempo como algo lineal. La mayoría de las sociedades han creído en alguna combinación de estas dos.

En la visión cíclica, la vida se repite sin que ocurra ningún avance o progreso o desarrollo. Pruebas de esto las tenemos ante los ojos: el sol sale y se pone y vuelve a salir; la luna crece, mengua y vuelve a crecer, y así sucesivamente; las estaciones se repiten año tras año.

En la visión lineal, el tiempo se experimenta como una línea, no como un círculo: si caminas en línea recta nunca vuelves al punto de partida. También tenemos pruebas de tiempo lineal ante los ojos: las plantas y las personas crecen y envejecen, siguiendo una dirección previsible. A muchas personas «tiempo lineal» les sugiere a su vez que el tiempo tiene una dirección, y que esa dirección es hacia delante. (Claro que si estamos en una línea infinita es imposible saber cuál dirección es hacia delante; simplemente seguimos a la multitud.)

Cuando el ser humano comenzó a llevar la cuenta del tiempo, los métodos se basaban simplemente en los ciclos del sol y de la luna. Un día era el periodo comprendido entre una salida (o puesta) del sol y la siguiente. Un mes era el periodo comprendido entre una luna nueva (o llena) y la siguiente. Y el año solar era el periodo comprendido entre un solsticio de invierno (o de verano) y el siguiente.

Incluso cuando se introdujeron los calendarios, más o menos hace 5.000 años, y se pudieron contar fácilmente los ciclos de una manera lineal, el ser humano siguió creyendo que esta progresión estaba sujeta a ciclos más grandes de creación y destrucción. Si había algún progreso o avance dentro de un ciclo se consideraba temporal. Experimentábamos un universo de retorno infinito.

Los calendarios fueron ciertamente un intento de contar y ordenar el tiempo, pero nunca han representado exactamente los ciclos naturales. La naturaleza no es tan ordenada como nos gustaría que fuera. (Por ejemplo, la rotación de la Tierra, en la que se basa la medida de los días y años, es irregular). Nuestro calendario es más el resultado de acuerdos políticos y científicos, que un mapa exacto o estable del tiempo.

El concepto de un mes, por ejemplo, al principio se basaba en las fases de la luna, y no calza con los calendarios que se miden

en días, porque estos se basan en las observaciones del sol. Cada
mes lunar dura alrededor de 29,5 días solares, pero nuestros «meses» contienen 28, 29, 30 o 31 días, sólo para que tengamos doce en
un año. Y aun cuando un «año» o un «día» se derivan de nuestra
posición en relación al sol, no se conforman mutuamente tanto
como nos gustaría. Un año se compone, por término medio, de 365
días, 5 horas, 48 minutos y 45,51 segundos. La cifra no es redonda,
bonita ni constante, por lo tanto tenemos que ajustar el sistema in-
tercalando años bisiestos y de vez en cuando unos segundos.

Tengamos presente entonces que muy poco de lo que ahora
pensamos que es el «tiempo» es totalmente coherente con la naturaleza. La historia del tiempo es en realidad la historia de los inten-
tos de imponer cierto tipo de orden cultural o mental en un mundo natural que no es tan ordenado como nos gustaría que fuera.

La visión lineal del tiempo recibió un enorme impulso con la
escritura del Génesis, que postulaba un comienzo del universo por
un acto creativo de Dios en un periodo de tiempo. Este concepto se
propagó por todas partes con el auge de las civilizaciones cristiana
e islámica.[5] Con él se acabó la idea de que nuestro mundo sólo era
uno de muchos ciclos de creación y destrucción. Y con la idea de un
punto de partida definido, también comenzamos a pensar en qué
dirección podríamos ir. El pasado y el futuro adquirieron toda una
nueva dimensión.

Pero incluso con una idea lineal del tiempo, la capacidad para
saber la hora y, por lo tanto, tener un sentido del tiempo siguió siendo, durante mucho tiempo, aproximada. Hasta hace relativamente
poco, la humanidad carecía de aparatos complejos para medir el
tiempo y de una teoría coherente para saber la hora o medirla.

Es interesante intentar imaginarse cómo sería la vida antes que
existieran relojes, de cualquier tipo. ¿Cómo se sabía qué hora era?
¿Cómo se sabía que había pasado un periodo de tiempo concreto?

Los primeros relojes no eran muy útiles. Los relojes de sol, basados en la proyección de sombra, sólo funcionan cuando brilla el sol, y necesitan ajustes según la latitud. En algunas culturas se usaban relojes de arena o se quemaba un palo de incienso para marcar periodos definidos, pero a la larga estos objetos no llevaban la cuenta del tiempo.

A principios del siglo XI se extendió por Europa el uso de relojes con mecanismo de engranaje. Y sólo en el siglo XIV, tras la construcción de las torres de las iglesias con reloj por toda Europa, fue posible (y audible) para todos una especie de hora común o estándar. Más tarde, con con el invento del péndulo, en el siglo XVII, que se pudo dar la hora con cierta remota precisión. Antes del uso de los péndulos, los relojes tenían un margen de error de +/– 15 minutos al día. Con el uso de péndulos, este se redujo a +/– 15 segundos.

El siguiente gran avance llegó a fines del siglo XVII, con la física de Isaac Newton. Según éste, el espacio y el tiempo eran como un contenedor o cuadrícula dentro del cual se movía todo lo demás. El tiempo pasaba sin referencia a ninguna otra cosa. Las leyes de Newton exigían un universo en el cual el espacio y el tiempo fueran absolutos: invariables y dados por descontado.

Newton usó el reloj mecánico a modo de metáfora del propio universo, siendo Dios el relojero, que hacía andar los engranajes, y el universo funcionaba según Sus reglas, como un reloj. (Al emplear esta metáfora es posible que Newton estuviera influido por la novedad de su tiempo: el primer reloj de péndulo se había inventado sólo treinta años antes.)

Pero los descubrimientos de Newton tenían un enorme poder de predicción, y sus ideas contribuyeron muchísimo a las revoluciones científica e industrial. Su metáfora de un «universo reloj» fue la visión dominante que se tuvo del tiempo durante más de trescientos años. Se llegó a considerar el tiempo algo fijo, objetivo, como si de verdad existiera un reloj gigante incrustado en el universo, marcándolo.

De la mecánica de Newton nació la mecanización. Armados con el conocimiento de la materia y de cómo funciona, los ingenieros pudieron hacer cambios drásticos en nuestro mundo, y se llegó a creer que todo podía ser predecible y controlable, como una máquina: si introduces una x entonces resulta y... y sabes cuándo esperarlo. Sin duda esto parecía confirmar nuestra impresión de que el pasado causa el presente y el presente el futuro. Es decir, las leyes de Newton reforzaron la visión lineal del tiempo. Y el progreso lineal no sólo era posible, también podíamos predecirlo.

De todos modos, hasta mediados del siglo XIX no había todavía una manera de saber fácilmente qué hora era en otras partes. No olvidemos que antes de que el mundo estuviera dividido en husos horarios, la hora era muy local: se calculaba según la posición del sol en relación al lugar donde se estaba. Esto no representó un gran problema hasta que la invención del telégrafo eléctrico y la expansión de las vías ferroviarias comenzaron a acelerar las cosas, lo que hizo que fuera muy importante, aunque muy difícil de saber, la hora en que las personas (y la información) llegarían a su destino. El problema se agudizó enormemente con la Exposición Mundial de Londres en 1851, con seis millones de personas viajando en tren a Londres desde todas partes de Gran Bretaña, sobre todo para aquellas que intentaban leer y anotar los horarios de trenes.

La solución fue la Hora Media de Greenwich (Greenwich Mean Time), un intento de estandarizar la hora en toda Gran Bretaña. Introducida en 1852, se transmitía dos veces al día a todo el país por telégrafo, informando instantáneamente a todos de la hora «oficial». En 1884, la International Meridian Conference, en una extraordinaria hazaña de organización global, ya había dividido el mundo en 24 husos horarios, tomando como punto de referencia la Hora Media de Greenwich. Esto ha sido tal vez la mayor consecución en los esfuerzos de la humanidad por «asir» el tiempo. Por fin cada país (o región grande) tuvo una medición del tiempo coherente y fue posible saber fácilmente qué hora era en otras partes, lo que hacía más fácil viajar, comunicarse y hacer negocios. Este sistema, sin embargo, tiene un gran inconveniente: en la mayoría de los lugares la hora ya no es la «natural». En lugar de mirar el sol para saber la hora, miramos el reloj, y la hora que marca está puesta según una autoridad central. Sin duda esto hace la vida más cómoda, pero no es totalmente coherente con la naturaleza.

La creencia en el tiempo lineal recibió otro gran impulso con los descubrimientos y nuevas teorías de fines del siglo XIX y comienzos del XX.[6] La teoría de la evolución afirmó la idea de dirección y avance o progreso. La teoría del Big Bang proporcionó una base científica para situar un comienzo del tiempo. La expansión de la democracia y los derechos civiles ha confirmado nuestra fe en la idea de progreso.

Tal vez la indicación más impresionante del triunfo del tiempo lineal ha sido el invento de los relojes digitales. Los relojes análogos con sus manecillas que giran en círculo indicando las horas y los minutos, nos dan una fuerte impresión visual de que el tiempo es cíclico. Pero con el reloj digital, el tiempo sí da la impresión de que avanza en un sentido. Ahora vemos la hora en el reloj, en el teléfono, en el ordenador, y la vemos como un número.

La creencia de que el tiempo es lineal (y progresivo) ya ha eclipsado casi totalmente la idea de que sea cíclico. Ya no nos sentimos inmersos en ciclos naturales, ni pensamos que la vida se repite. En los países industrializados sólo se piensa en el progreso y el crecimiento. Creemos que nuestra vida debería «añadir algo». Nos gusta creer que vamos llegando a alguna parte.

Sin embargo, ciertos descubrimientos del siglo XX, y en particular la teoría de la relatividad especial o restringida de Einstein, han arrojado dudas sobre la idea del tiempo lineal, y demostrado que el tiempo no es ni absoluto ni objetivo. La teoría de Einstein afirma que el tiempo, el espacio y el movimiento están estrechamente relacionados entre sí. La percepción del tiempo en que ocurre un evento depende de la distancia a que está la persona que lo observa, de la velocidad en que se mueve y de la dirección que lleva. (Más adelante se demostró esta teoría con un experimento en el que se comprobó que un reloj atómico transportado en un avión a gran velocidad avanzaba más lento que un reloj atómico en tierra.)

Según Einstein, no existe un «ahora» científicamente verificable que sea cierto para todo el mundo al mismo tiempo: el tiempo de cada persona es diferente. Existe «tu ahora» y «mi ahora», pero no un «ahora» objetivo. No es la misma hora en todas partes del universo. Einstein demostró que el tiempo es relativo.

(Aun cuando la teoría de Einstein produjo conmoción, si miramos atentamente vemos «pruebas» de ella en nuestra experiencia cotidiana. Cuando hablamos de «tiempo» muchas veces lo expresamos refiriéndonos a «espacio»: hablamos de «largo» de tiempo, «cantidad» de tiempo y «bloque» de tiempo. Decimos que tenemos el día «lleno» o «atestado». Decimos que necesitamos cierto «espacio» cuando en realidad necesitamos cierto «tiempo». Les damos a nuestros hijos un «tiempo libre», pero esto también significa «espacio para estar solos».)

Una de las conclusiones más chocantes del descubrimiento de Einstein es que un evento puede estar en el pasado para un observador y en el futuro para otro. En realidad, él llegó a la conclusión de que «El pasado, el presente y el futuro son sólo ilusiones, si bien obstinadas».[7] Este es un serio reto al concepto de tiempo lineal, porque sin pasado, presente ni futuro, ¿cómo podemos decir que el tiempo avanza? ¿Cómo podemos imaginar el tiempo como una línea? Y si el tiempo no avanza, ¿qué es?

Siendo relativos el pasado y el futuro ya no podemos considerar el tiempo como si estuviera establecido en una dirección. Ahora los físicos hablan en serio sobre lo que en otro tiempo era ciencia ficción: viajes en el tiempo, universos paralelos y realidades múltiples. Más importante aún, si el pasado y el futuro no son absolutos y no llevan una dirección, debemos abandonar la suposición de que el pasado causa el presente o que el presente causa el futuro. Incluso podríamos tener que abandonar la idea de que algo está causado por algo.

Queda claro que la visión del tiempo como lineal no lo explica todo. Hoy en día algunos historiadores creen que otra perspectiva va a reemplazar la visión lineal: el tiempo caótico. Puede que esto sea algo de lo que nunca hayas oído hablar, pero podría ser que sí lo sientas. «Tiempo caótico» define un mundo en el que hemos dejado de tener fe en una narrativa lineal. Ya no creemos que vayamos a llegar a alguna parte, y hemos perdido la confianza en que el futuro vaya a ser mejor que el pasado. Reconocemos que el tiempo se experimenta de modo diferente por diferentes personas y en diferentes lugares. Tenemos dificultades para contar una historia coherente acerca de nuestra vida o nuestra cultura. El pasado, el presente y el futuro se combinan en una danza compleja que no es fácil ordenar u organizar. Incluso el «progreso», si es que existe, podría no ser algo tan bueno. Esto hace sentirse mal a algunas personas, a otras las hace desear bailar.

Pero sea cual sea nuestra visión del tiempo, es importante tener presente que en realidad los relojes nunca lo han medido. Sencillamente el tiempo no es algo que existe «ahí» para ser medido.

Esta es la ilusión más persistente que tenemos del tiempo. Nuestra manera de dividir el día en horas, minutos y segundos, es sólo una convención. (De hecho, la definición de un segundo se revisó no hace mucho, en 1997.) Igual podríamos dividir el día en doce horas (como han hecho algunas culturas) o en diez (sistema decimal que propusieron los franceces después de la Revolución). En realidad, durante casi 2.500 años, en la mayoría de las culturas se usó un sistema llamado «horas temporales», que consistía en que siempre había doce horas de luz diurna, fuera cual fuera la estación del año. Para lograr esto, se variaba el largo o duración de una «hora», según las estaciones.

La verdad es que nadie sabe realmente qué es el tiempo. En la introducción del segundo libro de Paul Davies, *About Time*, donde resume las teorías científicas sobre el tiempo, este físico dice: «[...] es posible que después de leer este libro quedes más confuso aún acerca del tiempo de lo que lo estabas antes. No pasa nada; yo mismo quedé más confuso después de escribirlo».[8]

Actualmente algunos físicos dan un paso más. En su provocador libro *The End of Time*, Julian Barbour dice: «[...] lo importante es abandonar la idea de que el tiempo es algo. El tiempo no existe. Lo único que existe son cosas que cambian. Lo que llamamos tiempo es sencillamente, al menos en la física clásica, un conjunto de reglas que rigen el cambio».[9] Dicho con otras palabras, experimentamos cosas que cambian, necesitamos reglas para darle sentido a ese cambio y a esas reglas las llamamos tiempo. Ya sea que exista o no ese conjunto de reglas o que eso sea simplemente una impresión o invento de nuestras mentes, el tiempo sigue siendo un misterio.

Si podemos aceptar que nadie sabe qué es el tiempo, que igual podría no existir y que, en el caso de que exista, es relativo, esto nos ayudará en nuestro intento de lograr la maestría del momento. Porque si de verdad uno desea dominar el momento, primero ha de abandonar la idea de que el tiempo es algo «absoluto», que va avanzando, o la de que el tiempo lineal es el único juego en la ciudad. Hemos de entender que el tiempo es, al menos hasta cierto punto, una proyección de la mente. Tenemos que empezar a creer que podemos separarnos de nuestras suposiciones acerca del tiempo, al menos momentáneamente.

Sin duda el tiempo lineal tiene su utilidad, pero tal vez el tiempo caótico nos sirva para sustraernos de su rutina. El tiempo absoluto es eficiente, no cabe duda, pero quizás el tiempo relativo nos libere de su tiranía. Tal vez es posible dejar de ser víctimas del tiempo. Tal vez es posible hacer más flexible nuestra experiencia del tiempo. Tal vez podemos aprender a jugar con el tiempo, sabiendo que no es tan real como pensamos. Porque sólo es verdaderamente posible atrapar el momento cuando el tiempo está a la disposición.

CUARTA PARTE

Ejercicios avanzados

El Ciclo Una Respiración

En esta primera fase de ejercicios avanzados aprenderás a reducir gradualmente la extensión del Minuto Portátil, acercándolo más y más a un momento. La palabra importante es «gradualmente». He aquí cómo se hace:

Parte de la cuenta promedio que has empleado para el Minuto Portátil, y redúcela en una inspiración y una espiración. Por ejemplo, si tu cuenta promedio es treinta, la reduces a veintiocho. No es necesario hacer las respiraciones más lentas o profundas para que el ejercicio dure un minuto. De lo que se trata es de reducir la «duración» del Minuto Portátil. Es decir, tu Minuto Portátil se transforma en Menos de un Minuto Portátil. Aprendes a entrar en un estado de tranquilidad en menos tiempo. Considéralo una especie de «curso de rapidez», lo contrario de «curso de resistencia o aguante».

Continúa haciendo el calentamiento y el enfriamiento y mantén los ojos cerrados, como lo has hecho hasta ahora. Como siempre, centra la atención en tu respiración. En este ejercicio deberías experimentar la misma sensación de sosiego o paz que sentías en el Minuto Básico, sólo que en menos tiempo.

Después de hacer esto durante una semana, vuelve a reducir la cuenta en una inspiración y una espiración. Practícalo una semana y luego continúa reduciendo la cuenta en dos por semana; cada semana haces una inspiración y una espiración menos.

Si observas que pierdes algo, que no llegas a la intensidad que llegabas con un minuto entero, añade inspiraciones y espiraciones, o incluso retrocede al Minuto Básico, hasta que estés preparado de verdad. No olvides que la rapidez no se puede precipitar.

Pero si estás contento con tu progreso, continúa reduciendo la cuenta de respiraciones, semana a semana, hasta que logres llegar a la maravillosa calidad de un Minuto Básico con sólo una inspiración y una espiración. Este es el Ciclo Una Respiración. Con un solo ciclo de inspiración y espiración experimentas los beneficios limpiadores y renovadores que antes te llevaban un minuto entero. El Ciclo Una Respiración es inmensamente valioso. Puedes hacerlo en lugar de un Minuto de Urgencia, de un Minuto Sorpresa y de un Minuto Extra. Pero nunca lo hagas deprisa. No te olvides del rito de antes y del de después. Y recuerda hacer la espiración completa antes de abrir los ojos lentamente. Es decir, aunque sea corto, se merece toda tu atención.

Reduce la cuenta de inspiraciones y espiraciones
una vez por semana, hasta llegar al Ciclo Una Respiración,
y espera a sentirte totalmente cómodo con él
antes de continuar leyendo.

Sin asideros

El calentamiento y el enfriamiento te han servido para labrarte un momento especial fuera de la vida ordinaria con el fin de encontrar algo extraordinario: un tiempo fuera del tiempo. Con el calentamiento decías: «ahora viene algo especial», y con el enfriamiento: «sí, ha sido algo distinto». Pero podríamos hacernos demasiado dependientes de los ritos, por lo que en este capítulo aprenderás a prescindir de ellos.

Prescindir de los ritos podría producir cierta ansiedad. Sin los ritos no hay nada que enmarque o circunscriba la experiencia de paz o sosiego. No hay un «antes» ni un «después». Podrías incluso comenzar a preguntarte por qué no tienes esta experiencia todo el tiempo. ¿Qué te impide entrar en un estado de serenidad siempre que lo deseas? ¿Qué le impide a tu vida ser naturalmente apacible? Bueno, justamente para eso abandonamos los ritos: para hacer surgir estas preguntas.

Abandonar el rito sirve para comprender que la vida es mejor aún cuando no se divide en unidades. Dejar el rito nos ayuda a encontrar lo extraordinario en lo ordinario y, mejor aún, a comprender que la vida ordinaria ya es de suyo extraordinaria. Dejar los ritos sirve para comprender que la única diferencia entre lo ordinario y lo extraordinario es cómo enfocamos la atención, cómo percibimos las cosas y cómo elegimos experimentar el tiempo. Prescindir de los ritos significa que eres capaz de decidir estar más en paz de inmediato, sin necesidad de preparativos ni condiciones especiales. ¿Te sientes capaz?

Ahora, por favor, haz un Ciclo Una Respiración sin los ritos.

Si encuentras que este cambio es demasiado repentino o intenso, deja de hacer uno de los ritos, ya sea el precalentamiento o el enfriamiento. En periodos de estrés o cuando te sientas desenfocado, harás muy bien si reinstauras los ritos. La idea principal es caer en la cuenta de que puedes elegir, sencillamente y sin fanfarria, cerrar los ojos y entrar en un estado de paz profunda al instante, solamente dejando de hacer lo que estás haciendo para estar presente en tu respiración. En cualquier momento del día, sin ninguna condición especial, puedes simplemente ser.

Sin los ritos, el Ciclo Una Respiración se vuelve aún más portátil y útil. Puedes hacerlo en casi cualquier parte y casi en cualquier momento: mientras estás esperando a que se ponga el semáforo en verde, mientras estás en una cola o sentado en una reunión. Puedes hacerlo antes de enviar un *e-mail*, para asegurarte de que estás seguro, o, también, después de firmar un contrato, cuando ya estás comprometido. En realidad, el Ciclo Una Respiración puede ser una especie de sujetalibros para cualquier evento o proyecto importante o incluso un pensamiento.

En este sentido, el Ciclo Una Respiración se convierte en un rito: lo puedes practicar como calentamiento o enfriamiento para cualquier cosa. Simplemente retira la atención del mundo, instálala en tu respiración y encuentra tu sosiego natural. Nadie tiene por qué notarlo siquiera.

Para aquellos días en que te sientes inundado por peticiones o exigencias de los demás, o simplemente no tienes tiempo ni espacio para ti, este recurso es extraordinario, y lo puedes practicar casi en cualquier parte y en el acto, sin preverlo. Te has hecho maestro de Una Respiración. (Todavía estás a cierta distancia de un momento, pero te vas acercando.)

Intenta hacer el Ciclo Una Respiración, sin los asideros,
por lo menos una vez al día, durante siete días,
antes de continuar leyendo. (No olvides hacer la espiración
completa y abrir los ojos muy lentamente.)

En el acto

Aquellos días en que para encontrar un poco de paz necesitabas todo un minuto y todo lo demás (el reloj avisador, el rito, soledad) ya deben parecerte un recuerdo remoto, la Edad de Piedra de tu práctica. Ahora tu práctica te ocupa tan poco tiempo que casi no es nada. Es difícil imaginarse que todavía te quede desprenderte de algo más. Pero te queda.

Ahora que sabes hacer el Ciclo Una Respiración siempre y donde lo desees, es hora de soltar un poco el mando. Es hora de dejar que el mundo decida cuándo es el momento de realizar un Ciclo Una Respiración. Claro que no es así como nos han enseñado a vivir la vida. Queremos estar al mando de nuestro programa. Queremos estar al mando del tiempo. Pero en este ejercicio la idea es dejar que el mundo te recuerde hacer un Ciclo Una Respiración en momentos de su elección. En realidad este es un componente importante de la maestría, porque un maestro debe estar preparado para la acción todo el tiempo, en el acto, sin aviso. Este ejercicio se inspira en la famosa «meditación del teléfono», enseñada por el maestro zen Thich Nhat Hanh. Él recomienda que cuando suene el teléfono, en lugar de dejar inmediatamente lo que estamos haciendo para contestar, aprovechemos el primer tono de marcar para parar y hacer una respiración profunda; y después contestar. Pero no tienes por qué usar el teléfono para esto: puedes aprovechar cualquier motivo o asunto que te guste. Por ejemplo, cada vez que oigas la campana de una iglesia, haz un Ciclo Una

Respiración. O cada vez que hagan una pausa para publicidad en la tele; o cada vez que llegues al final de un párrafo.

Experimenta con desencadenantes que sean más o menos frecuentes o intenta tener muchos. Prueba a tener uno para toda la semana o diferentes para distintos lugares (la casa, el trabajo, la ciudad y el campo). Puedes aprovechar cualquier cosa: el timbre de la puerta, sirenas, el ruido del agua al tirar la cadena del váter, el sonido de un cuerno, el chillido de una gaviota, el llanto de un bebé. Las posibilidades son infinitas. Considera la posibilidad de hacer esto el resto de tu vida.

Mañana observa y anota todos los posibles desencadenantes para un Ciclo Una Respiración. Elige uno y úsalo durante una semana. Después elige otro y úsalo durante una semana antes de continuar leyendo.

Percepción del momento

Esta fase de aprendizaje no se puede practicar, al menos no de la manera como lo has hecho hasta ahora. En esta fase, en lugar de decidir hacer tu Ciclo Una Respiración en un determinado momento, o esperar un desencadenante predeterminado, simplemente deja que ocurra espontáneamente. Siempre que te ocurra, cierra los ojos y haz un Ciclo Una Respiración poniendo toda tu atención en ello. Hazlo en el instante en que te venga la idea a la cabeza.

Haz esto sin nada que te lo recuerde o te dé pie a ello; simplemente siempre y cuando ocurra. Permite que ocurra con la frecuencia que sea. Con lo que llevas aprendido hasta ahora ya no necesitas hacer ritos ni contar. Simplemente cierra los ojos, está presente en tu respiración y préstale total atención. Luego vuelve a lo que estás haciendo o pensando. No te preocupes de cuánto tiempo te lleva. Como probablemente ya has comprendido, cada vez que lo haces no pierdes el tiempo sino que lo encuentras.

Si bien te recomiendo continuar practicando cualquiera o todos los ejercicios que has aprendido hasta ahora, probablemente ya debes haber observado algo extraordinario. Sin práctica formal y sin ningún asidero, tienes relámpagos de quietud y sosiego a lo largo de la jornada. Muchas veces, cada día, durante uno o dos segundos, te sorprendes haciendo una respiración profunda y volviendo a la quietud que ya conoces íntimamente. Dicho con otras palabras, la vida es una serie de desencadenantes que te ofrecen incontables oportunidades para estar en paz. En lugar de buscar tú la quietud, la quietud te busca a ti. La quietud comienza a manifestarse en tu verdadera naturaleza. Estás preparado para conocer el momento.

QUINTA PARTE

Conocer el Momento

Qué es el Momento

Al reducir poco a poco la duración del Minuto Básico te vas acercando cada vez más a un momento. Pero ¿qué es realmente un momento? Está claro que es más corto que un Ciclo Una Respiración, pero ¿cuánto dura? El tiempo, como hemos visto, no es fácil de definir, y si el tiempo no está claramente definido, el momento lo está menos aún. ¿Cómo podríamos medir un momento? ¿Se podría encontrar en un mapa? ¿Se podría coger en las manos? ¿Existe algún reloj que haya marcado un momento?

Imagínate una línea, la línea del tiempo, una línea infinita que se extiende desde el pasado al futuro. Es la línea imaginaria en la que planeamos o configuramos nuestra vida. Ahora imagínate que enrollas esa línea, desde donde estás, tirando de ella hacia ti por ambos lados, en los dos sentidos a la misma velocidad. Cuando la línea converge en ti, donde estás, llega finalmente a un punto en que ya no queda ningún «resto» de tiempo. No se extiende en ninguno de los dos sentidos; no hay futuro ni pasado. Sólo queda un punto sin dimensión: el ahora, el instante. «Esto» es el momento.

La mayor parte del tiempo estamos en todas partes menos en el ahora. Tenemos la mente ocupada por un segmento de esta línea: nuestra «idea» del pasado y el futuro. Normalmente estamos recordando, lamentando, fantaseando o reconstruyendo. O estamos deseando cosas que aún no tenemos, trabajando por conseguir resultados imaginados, soñando despiertos con lugares, puestos o posiciones en que nos gustaría estar.

El pasado y el futuro son como fantasmas que llevamos a todas partes con nosotros, habitando nuestra mente y distrayéndonos la atención de lo que está ocurriendo en el presente. Y estos fantasmas le tienen un miedo terrible al momento, porque, claro, ahí no tienen existencia real: el pasado es sólo un recuerdo y el futuro sólo una fantasía. El motivo de que podamos experimentar tanta paz en un momento, y sólo en un momento, es que en el momento no llevamos con nosotros el pasado ni vamos corriendo tras el futuro. Dejamos de perseguir a esos fantasmas y ellos dejan de perseguirnos a nosotros.

Dado que el momento no tiene futuro ni pasado, también podemos decir que no se prolonga en el tiempo: no tiene duración. Es decir, el momento «no lleva tiempo». Cuando uno está inmerso del todo en el momento, queda en suspenso la experiencia normal del tiempo, como si el tiempo se detuviera. Por eso es tan extraordinario estar en el momento; por eso es algo tan deseado por tantos buscadores espirituales: porque en el momento, «el tiempo cede el paso al no tiempo, a la intemporalidad». Es decir, un momento no es una unidad de tiempo muy pequeña: «es el punto en que se desvanece el tiempo». Un momento es tan pequeño que en realidad es enorme, es tan infinitesimal que en realidad es infinito. En un momento tocamos la eternidad.

Y en esa momentánea liberación del tiempo, en ese atisbo de la eternidad, pueden ocurrir muchas otras cosas, espontáneamente. Podrías comprender algo acerca de ti mismo; podrías tener una nueva idea; podrías experimentar la interconexión esencial entre tú y todas las cosas; podrías echarte a reír o a llorar por la perfección de todo. En el momento podrías incluso experimentar la vida como tal vez la ve la Mente Universal o la Mente de Dios.

También es posible que en el momento no experimentes nada. Es decir, simplemente dejas de ser: no hay ningún tú, por lo tanto no estás ahí para experimentarlo. Este podría ser el momento más trascendental de todos. En realidad, el momento es tan extraordinario que no hay palabras para describirlo. El monje zen Saigyo lo expresó así:

Qué es
no lo sé;
pero con la gratitud,
caen mis lágrimas.

Antes del Momento

Cuando te acercas al momento pueden ocurrir cosas raras. Quizá comience a temblarte el cuerpo; podrías sorprenderte pensando «No voy a ir allí»; podrías sentirte como si te fuera a estallar la cabeza. Es muy posible que tu mente produzca todo tipo de ideas y distracciones, algunas muy ingeniosas, para impedirte acercarte al momento. Qué extraño: estás ahí, tan cerca de algo por lo que has trabajado meses, o tal vez años, y parece como si fueras corriendo en la dirección opuesta. ¿Por qué ocurre eso?

Estar en el momento nos exige abandonar nuestro sentido convencional del yo. Nuestro «yo» está construido sobre recuerdos de experiencias pasadas (y las lecciones que hemos aprendido de ellas) y las esperanzas y expectativas para el futuro, y nada de eso existe en el momento. Pero nos pasamos tanto tiempo viviendo en el pasado y en el futuro que no sabemos quiénes seríamos sin ellos.

En un aspecto más fundamental aún, nuestro sentido del yo se basa en la «idea» de que existe un pasado y un futuro. La propia idea de «identidad» se basa en la suposición de que algo de nosotros continúa en el tiempo, de que existimos siendo la misma persona de un momento a otro. Así que cuando abandonamos la idea de pasado y futuro también abandonamos el concepto de «yo», y esto hace la experiencia del momento, en su forma más profunda, verdaderamente humillante.

La experiencia del momento es en realidad una muerte; no una muerte del cuerpo, sino de quien uno «cree» que es. Por eso puede infundir miedo, porque uno no sabe quien sería sin uno. Pero lo que muere es solamente la «idea» que uno tiene de sí mismo, lo que los místicos llaman el «pequeño yo». Y cuando muere el pequeño yo aparece algo más grande. Cuando uno se quita del camino del yo, lo que aparece es a la vez magnífico y sutil. En el próximo capítulo exploraremos algunas de las variaciones más espectaculares de esta experiencia. Pero, para decirlo con palabras sencillas, cuando abandonamos las suposiciones y expectativas, quedamos abiertos a la sorpresa. Permitimos que la vida (o Dios) nos muestre o enseñe otra cosa.

Lo agradable del Método Un Momento es que esta «muerte» ocurre muy poquito a poco, por lo que causa menos conmoción. Claro que probablemente ya te ha ocurrido, momentáneamente desde luego, durante cada uno de tus Minutos Básicos y Ciclos Una Respiración. Es posible que en cada una de estas experiencias haya habido por ahí un instante en que estabas tan presente en tu respiración que no hubiera ningún «tú». Puede que no lo hayas notado, porque, claro, no estabas ahí. Como he dicho antes (pero vale la pena repetirlo), cuando estás verdaderamente en el momento no sólo dejas de hacer, también dejas de ser tú. Y justamente por eso es tan renovador. El estrés definitivo en la vida es el intento de mantener nuestra idea de nosotros mismos de un momento al siguiente.

Momentos famosos

Hay momentos tan trascendentales que los notamos, estemos preparados para ellos o no. Estos momentos son como relámpagos de luz, tan luminosos en la verdad que revelan y tan contrarios a lo que esperábamos, que nos cambian el curso de la vida y en ocasiones el de la vida de muchas otras personas. A veces se les llama «milagros». También los han llamado «experiencias cumbre», porque sugieren la parte superior de nuestra naturaleza. En este capítulo vamos a mirar algunas de estas cumbres más extraordinarias.

¡Eureka!

Un buen día, en la antigua Grecia, en el momento en que sumergía el cuerpo en la bañera, el matemático Arquímedes comprendió un importante principio acerca del desplazamiento del agua. Fue tal el entusiasmo que le produjo este descubrimiento, cuenta la historia, que bajó de un salto de la bañera y salió a la calle desnudo, gritando: «¡Eureka!» [«¡Tate, ya lo tengo!»]. Con su exuberancia, Arquímedes nos ha legado una imagen duradera de la alegría que produce un descubrimiento repentino.

El nacimiento de una idea creativa ocurre cuando menos lo esperamos, aunque nos hayamos pasado años preparándonos para ella. Los pintores, escritores y otros artistas suelen estar constantemente alertas para captar momentos como esos cuando se presentan, y por eso normalmente procuran tener a mano una libreta de apuntes. J. K. Rowling tuvo un momento de esos aquel día cuando iba en el tren y todos los personajes y detalles de Harry Potter «simplemente entraron en mi cabeza», como dice ella. Tuvo la sensatez de fiarse de ese momento: quince años después, se vendieron 6.900.000 de ejemplares de su sexto libro de la serie Harry Potter en Estados Unidos en un solo día. ¿Y no es posible que una idea creativa esté flotando en el universo en este momento, muy cerca de ti, sólo a la espera de que te fijes en ella?

Tocar fondo

A veces parece que por muy resueltos que estemos a mantener el ánimo elevado la vida insiste en bajárnoslo. Esto es muy notable, y muy extremo, cuando una persona que sufre el conflicto de una adicción vive intentando colocarse o continuar colocada, hasta que llega el momento en que se derrumba y lo pierde todo: casa, familia, dinero y salud. «Tocar fondo» se llama a este momento de absoluto colapso. Pero para aquellos que sobreviven a esto los resultados pueden ser extraordinarios, ya que al momento de «tocar fondo» lo sigue un momento de «tocar la cumbre».

Bill W., fundador de Alcohólicos Anónimos, explica cómo, después de una recaída con una grave borrachera, yacía en la cama del hospital con la «más negra depresión» de su vida, y comenzó a contemplar todos los agravios que había cometido contra otros. Aceptando que se sentía impotente para resistirse al alcohol, comenzó a rezar. Dice:

El resultado fue instantáneo, eléctrico, indescriptible. Me pareció que la habitación se iluminaba con una cegadora luz blanca. Sólo sentía el éxtasis y me parecía que estaba sobre una montaña. Soplaba un viento fuerte, envolviéndome y penetrándome. Para mí no era viento de aire sino de Espíritu. Deslumbrante me vino el tremendo pensamiento: «Eres un hombre libre». Entonces remitió el éxtasis. Ahora me encuentro en un nuevo mundo de conciencia que fue imbuida por una Presencia. Sintiéndome uno con el universo, se apoderó de mí una inmensa paz.[10]

Este momento significó el cambio radical de Bill, su conversión o transformación. Su experiencia de tocar fondo le llevó no sólo a su recuperación, sino finalmente a la formación de más de 100.000 grupos de Alcohólicos Anónimos y de muchos otros grupos similares que ayudan a las personas que sufren de otros tipos de adicción. Parece que aquellas personas que sobreviven al tocar fondo encuentran una vitalidad que no tenían antes. En un momento enfrentan las peores cosas imaginables y, habiéndolas enfrentado, se transforman.

Momentos brillantes y momentos definidores

Hay momentos en la vida en que nuestro verdadero potencial brilla e irradia de nuestra personalidad por lo demás común y corriente. Estos momentos brillantes y definidores suelen acabar citados en homenajes: discursos de bodas, elogios o, si estamos en campaña para un puesto político, en publicidad en televisión. Aunque estos momentos suelen ocurrir por sorpresa, cuando la vida nos obliga a dar lo mejor, algunas personas los buscan, emprendiendo tareas increíblemente difíciles e incluso peligrosas, sólo para descubrir «de qué están hechas».

Claro que no todos los momentos definidores son brillantes: también nos definen los fracasos, la vulnerabilidad y la tontería. Tal vez los mejores homenajes son los que captan los extremos de nuestra personalidad: los altos y bajos, lo juicioso y lo tonto: aquellos momentos que reflejan nuestra verdadera personalidad, con todas sus contradicciones.

Avance decisivo

Después de un periodo de conflicto o estancamiento puede surgir una nueva realidad de forma totalmente inesperada. Tal vez has estado aprendiendo a patinar sobre hielo y no ves ningún progreso; te sientes muy frustrado caminando torpemente por el hielo y, de repente, te vas deslizando. O quizás, en el trabajo, estás con tu equipo en medio de una larga discusión y de pronto alguien se ríe, luego todos se ríen, y surge una nueva y repentina comprensión mutua.

Una de las señales más seguras de que se aproxima un avance es cuando la persona (o su grupo) se encuentra en un estado de mucha agitación: se siente como si fuera a estallar. Este momento puede ser muy precario, eso sí, porque cuando uno está cerca de un avance también está cerca de un fracaso. Habiendo ayudado a muchos grupos y personas particulares a pasar por este momento, he llegado a creer que uno de los elementos esenciales para lograr un avance es la capacidad de estar presente en la enorme tensión de una crisis. En lugar de intentar parar o controlar lo que está ocurriendo, o escapar a una situación anterior que parecía más estable, hay que permanecer con la tensión hasta ver la nueva idea que está intentando surgir.

Muchas veces el inicio de la aparición de un avance viene de un ángulo inesperado, y es muy pequeño y, por lo tanto, es muy fácil no verlo. Es como una diminuta y rara plántula que está brotando en medio del césped y es muy fácil que se elimine con el cortacésped. En estas situaciones suele ser necesario que una persona ajena, un terapeuta, un asesor o un buen amigo, vea esta nueva idea y le ponga una pequeña cerca, para mantenerla a salvo, favorecer que los demás la vean y reservarle cierto espacio para que crezca.

Cuanto más capaces somos de estar conscientes del y preparados para el momento, más podemos hacer por nosotros mismos y por los demás. Podemos estar preparados para que todo cambie. Aprender a aflojar nuestra postura habitual, para refrescar y renovar continuamente nuestra perspectiva, es una de las mejores maneras de asegurarnos que la vida sea un avance tras otro.

El momento del no retorno

Un momento de no retorno ocurre cuando uno comprende que una decisión es verdaderamente irreversible. En el momento de no retorno aceptamos el nuevo mundo tal como es. Dejamos de combatir por cambiar las cosas, aceptamos la realidad del presente y vivimos a partir de ahí.

En el relato de la historia de la humanidad vemos una sucesión de momentos de no retorno políticos, culturales y militares. Es posible que en tu vida personal y profesional hayas experimentado algunos muy drásticos. Pero en realidad, cada momento es un momento de no retorno. La vida siempre es como es, nunca como podría haber sido, y no hay vuelta atrás. Aun en el caso de que pudieras volver a una situación anterior, volverías con el conocimiento que tienes ahora, y por lo tanto sería diferente. Heráclito lo expresa así: «No es posible bañarse dos veces en el mismo río».

El momento de la verdad

La vida sería mucho más sencilla si todo el mundo dijera la verdad. Sin embargo, dado que no todo el mundo dice la verdad y nadie dice siempre la verdad, parece que necesitamos momentos en que se hace imposible no decir la verdad. En un momento de la verdad puede que deseemos retorcernos y escapar, pero es como si estuviéramos clavados en el lugar.

Lo curioso es que cuando uno se ve obligado a reconocer algo que ha hecho (dije una mentira, acepté un soborno, arreglé el resultado de una carrera, tuve una aventura, me comí las galletas), si de verdad lo reconoce y asume la responsabilidad, puede que sea lo mejor que le ha ocurrido. «Expiar» los pecados significa «ser uno con ellos» o, como se dice ahora «reconocerlos» o «confesarlos».

Claro que no todos los momentos de la verdad entrañan reconocer una culpa. A veces un momento de la verdad simplemente entraña comprender cómo te sientes realmente, decir la verdad acerca de lo que eres o decir la verdad acerca de lo que ocurre a tu alrededor. Una de las grandes figuras de la historia de los derechos civiles en Estados Unidos, Rosa Parks, hizo un sencillo acto de desafío el día en que se negó a ceder su asiento en el bus a un blanco. Sobre ese momento ella dice:

> Cuando el conductor blanco venía hacia nosotros, cuando agitó la mano ordenándonos que nos levantáramos de nuestros asientos, sentí que una resolución me cubría el cuerpo como un edredón en una noche de invierno. [...] De repente sentí brillar una luz en la oscuridad.[11]

Ese fue su momento de la verdad, y le llevó a un momento de no retorno.

Renacimiento

Aunque todos hemos nacido una vez, parece que muchos sentimos la necesidad de repetir la experiencia. De hecho, el simbolis-
mo del renacimiento es transcultural, se encuentra en la literatura
religiosa, en cuentos de hadas, en las mitologías e incluso en discursos políticos y reportajes actuales. Parece que siempre que hacemos frente a una transición importante recurrimos al simbolis-
mo del renacimiento.

El psiquiatra Stanislav Grof ha identificado cuatro fases típicas
en el proceso del renacimiento, que evocan un nacimiento real: comenzamos en un estado de inocencia (el útero), experimentamos
una crisis (el comienzo de la labor del parto), nos abrimos camino
por una transición difícil y peligrosa (el canal de nacimiento) y de
repente nos encontramos en un nuevo mundo (nacimiento), un
mundo que de ninguna manera podríamos haber previsto. Al salir
a la luz nos sentimos liberados de viejos hábitos o pautas de comportamiento, y liberados de la enorme tensión que sentíamos sólo
un momento antes.

El momento del renacimiento viene precedido directamente
por una experiencia de muerte psíquica, en la que nuestras viejas
pautas de conducta llegan a un insoportable punto culminante. Este
es un momento de enorme dificultad, pero también de extraordinarias oportunidades, porque si entendemos el cambio psíquico interior que se nos exige, entonces en sólo un momento todo puede
cambiar. Es posible la liberación profunda, por muy oscura o estan-
cada que nos parezca la vida. En realidad, la obra de Grof sugiere
que en el momento en que es más agudo nuestro sufrimiento estamos más cerca de la liberación.

Transfiguración

De todos los momentos posibles, el más extraordinario debe de ser sin duda el de la transfiguración. Según el relato bíblico, Jesús conduce a Pedro, Santiago y Juan a un monte alto y apartado para orar. Entonces:

Sus vestidos se volvieron resplandecientes, blancos como la nieve, como no los puede blanquear lavandera alguna sobre la tierra. Y se les aparecieron Elías y Moisés, que hablaban con Jesús.

Pedro, Santiago y Juan, que habían estado «muy adormilados», al ver esto se despertaron del todo.

Y se formó una nube que los cubrió con su sombra, y se dejó oír desde la nube una voz: «Este es mi hijo amado, escuchadle». Luego, mirando en derredor, no vieron a nadie con ellos, sino a Jesús solo.

(Marcos, 9, 2-8)

La historia hindú de la transfiguración se cuenta en *La Canción de Dios*, uno de los textos hindúes más venerados. En esta historia Krishna revela su verdadera naturaleza, como el dios Vishnú, a su discípulo Arjuna. Este es para Arjuna un momento de profunda liberación después de un periodo de enorme sufrimiento. Obsequiado por una deslumbrante visión del cuerpo «imperecedero» de Krishna, Arjuna dice:

Veo tu infinitud, sin principio ni fin,
iluminando con esplendor todo el universo

Me inclino ante ti una y otra vez,
desde todos los lados, en todas direcciones.
Majestad de poder infinito,
impregnas, no, eres, todas las cosas.[12]

Es muy improbable que tú o yo experimentemos un momento semejante a este. Pero la reacción de Pedro, Santiago, Juan y Arjuna sugiere cómo podríamos sentirnos en un momento así: humildes, paralizados, pasmados, y totalmente despiertos.

Iluminación

El momento de iluminación contiene algunas de las pasmosas características de la transfiguración, sólo que cualquiera puede experimentarlo. La persona más famosa que lo experimentó (y lo popularizó) fue Siddartha Gautama. Después de pasar años buscando para comprender la causa del sufrimiento, Siddartha simplemente se sentó y se concentró en su respiración, jurando no moverse mientras no hubiera comprendido la verdad. Continuó sentado, venciendo muchas tentaciones y distracciones, hasta que finalmente llegó a ver que la causa del sufrimiento está en desear. Cuando dejó de desear, vio la realidad sin obstrucciones, con la mente clara, y llegó a ser conocido como el Buda: aquel que está despierto.

Los ejemplos más sensacionales de iluminación son repentinos, extáticos y avasalladores. Pero la iluminación también se puede experimentar de forma gradual, como la salida del sol. Aunque los maestros budistas instan a sus discípulos a trabajar arduamente para conseguir esta experiencia de iluminación, también reconocen que en ese intento tan tenaz nos distanciamos de ella, porque cuanto más la deseamos más nos mantenemos en un estado de deseo. La iluminación no es una meta distante: está siempre presente.

Gracia

El origen de las palabras «gracia», «regalo» y «don» es el mismo: la palabra griega *jaris*. En realidad, el momento de gracia nos llega como un regalo, lo cual significa que no podemos buscarlo. Pero su existencia nos recuerda que en un momento puede ocurrir cualquier cosa, de verdad, cualquier cosa. El teólogo Paul Tillich nos recuerda que, aun cuando nos parezca que la vida va en espiral hacia abajo, o que no hay ninguna esperanza, o hemos hecho algo verdaderamente terrible, y la lógica nos diga que todo está perdido, puede ocurrir otra cosa:

No podemos transformar nuestra vida a menos que permitamos que la transforme un toque de gracia. Ocurre, o no ocurre. Y ciertamente no ocurre si intentamos forzarlo, así como no ocurrirá mientras pensemos, en nuestra autocomplacencia, que no la necesitamos. La gracia nos toca cuando estamos con inmenso dolor o inquietud. Nos toca cuando caminamos por el oscuro valle de una vida vacía y sin sentido. Nos toca cuando pensamos que nuestro distanciamiento es más profundo de lo habitual, porque hemos roto otra vida, una vida que amábamos, o de la cual se nos ha separado. Nos toca cuando se nos han hecho intolerables el disgusto por nuestro propio ser, nuestra indiferencia, nuestra hostilidad y nuestra falta de dirección y serenidad. Nos toca cuando pasa año tras año y no aparece la deseada perfección de la vida, cuando en nuestro interior reinan las viejas y vehementes pasiones que han reinado durante décadas, cuando la desesperación destruye toda alegría, todo valor. A veces, en ese momento, entra una onda de luz en nuestra oscuridad, y es como si una voz dijera: «Eres aceptado. Eres aceptado, aceptado por aquello que es superior a ti y cuyo nombre no sabes. No preguntes el nombre ahora; tal vez lo descubras después. No trates de hacer nada ahora; tal vez después hagas mucho. No busques nada; no realices nada; no intentes nada. Simplemente acepta la realidad de que eres aceptado». Si nos ocurre eso, experimentamos la gracia. Es posible que después de una experiencia así no seamos mejores que antes, y que no creamos más que antes. Pero todo se transforma. [...] Y a la luz de esa gracia percibimos el poder de la gracia en nuestra relación con nosotros mismos. Experimentamos momentos en los que nos aceptamos, porque sentimos que hemos sido aceptados por aquello que es superior a nosotros. Ojalá se nos dieran más momentos de esos.[13]

En este capítulo he descrito unos cuantos tipos de momentos más famosos, los momentos de transformación o cambio más espectaculares. A veces estos momentos, como sugiere Tillich, llegan cuando estamos en lo más profundo de una crisis. A veces, como le ocurrió a Arquímedes, simplemente ocurren cuando nos estamos sumergiendo en la bañera. No podemos predecir cuándo nos va a cambiar la vida ni cuándo repentinamente veremos las cosas con más claridad. Pero lo que sí podemos es intentar estar preparados.

Después del Momento

Si alguna vez experimentas un momento sensacional como cualquiera de estos, podrías sentirte muy complacido contigo mismo; podrías desear parar ahí; podrías desear contar esta experiencia a otros; podrías desear saltar y gritar «¡Estoy libre!» Incluso podrías desear escribir un libro, como este, para explicar a los demás cómo pueden hacerlo.

También podrías caer en la cuenta de que cuando haces cualquiera de esas cosas ya no experimentas el momento. Porque tan pronto piensas en ese momento, cuentas o explicas ese momento a otros, recuerdas ese momento o lo deseas otra vez, te has separado de «este» momento, el momento presente. Incluso podrías comenzar a sentirte abatido, de vuelta en el trabajo, en el suelo. Y cuando te topas con un obstáculo, en lugar de tratarlo como el momento que está ahí, deseas volver al momento que tuviste hace meses o años. Podría incluso tentarte comenzar un larguísimo proceso de búsqueda para encontrar ese momento otra vez.

Pero estar en el momento significa una aceptación total, radical, de lo que ocurre ahora. No tiene por qué gustarte lo que ocurre ni estar de acuerdo con ello. El mundo no es siempre un lugar agradable. Pero una verdadera experiencia del momento comienza con la verdad de lo que está ocurriendo en el presente, te guste o no.

Después de una experiencia del momento, por importante o trascendental que haya sido, lo mejor es hacer otro Ciclo Una Respiración y ver qué ocurre en «este» momento. Puede que no experimentes nada alucinante. Este momento podría empalidecer comparado con aquel momento. Es posible incluso que no experimentes nada. Pero por lo menos te has puesto en posición. Es decir, es más importante continuar con el hábito de volver a la respiración y estar comprometido con esta práctica que experimentar algo espectaçular.

La prueba definitiva del Método Un Momento no es si logras dicha eterna ni si tienes una experiencia asombrosa, sino si abordas cada momento con aceptación por ser lo que es. Dicho con otras palabras, la prueba es la práctica. Cada momento es lo que es. Otro momento será diferente, y será lo que es también. Tan pronto como dejamos de intentar convertir lo que es en algo que no es, o de desear que sea otra cosa, nos relajamos. Y todo comienza. Otra vez.

Lo que no es el Momento

Hoy en día se habla muchísimo acerca de «estar en el momento» y de «vivir el momento». Pero algunas de estas ideas que se dicen a la ligera pueden ser francamente peligrosas y no quiero que pienses que este libro las aprueba.

La popular idea de «estar en el momento» se puede usar para justificar el egoísmo y el hedonismo. «Ocurra lo que ocurra, que siga la fiesta», sugiere. He visto a muchas personas emplear este confuso mantra para desconectarse de sus verdaderos sentimientos, de la realidad de la vida que las rodea o de las consecuencias de sus actos. Está claro que los seres humanos del mundo «desarrollado» hemos estado viviendo tanto «para el presente» que hemos puesto en peligro nuestra supervivencia.

Si «estar en el momento» significa solamente estar en los momentos «agradables» o los de «diversión», hemos cortado gravemente en dos la realidad. Estar en el momento suele entrañar enfrentar alguna verdad acerca de nosotros mismos o del mundo. En la verdadera experiencia del momento puede haber una evaluación a fondo; esto podría ser simplemente reconocer que en el momento presente nos sentimos impotentes o desesperanzados, enfadados o temerosos, y durante un momento dejamos de intentar encontrar la manera de dejar de sentirnos así. Simplemente lo experimentamos.

Claro que en el momento podrías darte cuenta de que eres muy feliz; incluso podrías experimentar una enorme dicha. No hay nada malo en eso. Pero si sentirse feliz depende de evitar enterarse de las malas noticias o de lo que está ocurriendo en el mundo, o de evitar a personas que nos «deprimen», entonces no es una felicidad muy segura. Y si luego entras en el siguiente momento aferrado a esa sensación de felicidad, temeroso de perderla en el nuevo momento, ya no estás en «este» momento, sino que sigues aferrado a «aquel» momento.

Muchas veces, cuando se recomienda «vivir el momento» lo que se da a entender es que hay que intentar no experimentar el propio sufrimiento o el sufrimiento de los demás. La consecuencia de esto puede ser grave: podría impedirnos experimentar verdadera alegría. La verdadera alegría no viene de elegir las experiencias «buenas» o «positivas», y ni siquiera las experiencias de «euforia» o «cumbre», sino de ser capaz de estar presente en lo que sea que ocurre en el momento. De esta manera la vida no es una fiesta constante, sino una oportunidad continua de aumentar nuestro bienestar y el bienestar de los demás.

A veces resulta difícil estar en el momento. A veces uno desea estar en cualquier parte pero no en el momento, experimentar cualquier cosa excepto lo que está ocurriendo en el momento presente. Hay cosas terribles que pueden ocurrirnos. Podría haber fracasos, enfermedades, reveses y contratiempos. Habrá muchos días en que simplemente te sientes fatal. Pero cuando la vida te abrume, haz lo que haces siempre, lo que has aprendido a hacer: un Ciclo Una Respiración. Y luego, cuando estés preparado, haz otro. A veces, eso es lo único con lo que podemos contar.

SEXTA PARTE

Ejercicios muy avanzados

En tu experiencia del Minuto Básico, el Minuto Portátil y el Ciclo Una Respiración, te has tomado un tiempo fuera del tiempo, un tiempo para simplemente «ser». Es decir, has aprendido a salirte del tiempo. Pero esto, si se practica en exceso, puede convertirse en un problema. Podrías comenzar a sentirte agraviado por la vida e incluso por el propio tiempo. Podrías desear estar fuera del tiempo siempre, practicando el Minuto Básico eternamente, como si dijéramos. Pero eso sería una comprensión incompleta de la quietud, y la finalidad de esta parte del libro es completar el cuadro.

En esta parte del libro pasas de «salir» a «entrar», a experimentar la paz de estar «dentro» del tiempo. Finalmente, descubrirás que la quietud no es un tiempo fuera de la vida, sino que «es» tu vida, y no lleva nada de tiempo.

Mirando

Con el Ciclo Una Respiración aprendiste a experimentar quietud o sosiego con sólo una inspiración y una espiración, más o menos a voluntad. Pero esto lo haces con los ojos cerrados, y la mayor parte del resto de tu vida la vives con los ojos abiertos. El Ciclo Una Respiración tal como lo practicas es una experiencia «interior» profunda, pero la vida continúa «fuera». Así pues, el siguiente paso es intentar hacer el Ciclo Una Respiración mirando el mundo.

Al principio esto puede resultar chocante. Si has practicado el Ciclo Una Respiración experimentando algunos momentos del día fuera del tiempo, podrías haber llegado a ver el mundo «exterior» como una distracción de la paz de simplemente ser «en el interior». Con este nuevo ejercicio se trata de experimentar la paz de simplemente «ser» a la vez que vemos la deslumbrante y aturdidora danza de la vida, la carrera del tiempo.

Esto no es tan difícil como podrías suponer. En realidad, es bastante sencillo. Como solía decir mi amigo Troup Matthews: «No pongas tanto empeño, tómatelo con calma». Para hacer esto debes abrir el corazón para abarcar y abrazar al universo. Debes acoger lo que ves delante de ti, lo que sea, porque no es el enemigo de tu paz sino parte de ella.

Para comenzar, hazlo poco a poco. Comienza por mirar algo hermoso y placentero, algo que te guste, que no tengas que hacer un esfuerzo para que te guste. Podría ser una flor, la vista desde tu ventana, una joya, o una foto de un ser querido. Haz un Ciclo Una Respiración con los ojos abiertos, mirando ese objeto o vista agradable, y observa el efecto que tiene en ti. Date permiso para sentir totalmente lo que sientes. Podrías incluso imaginarte que «respiras» ese sentimiento, lo introduces en tu cuerpo, llevándolo hasta el corazón.

Ahora haz una pausa para intentar este ejercicio.
Simplemente busca el objeto más agradable para mirar,
que ya esté cerca de donde estás, y haz un Ciclo Una Respiración
mirándolo. Después, observa el efecto en tu cuerpo.

Cuando hayas avanzado algo en esta práctica intenta hacerlo en situaciones más difíciles, cuando lo que ves delante de ti lo encuentras feo, insignificante, deprimente, o simplemente es difícil que te guste. La próxima vez que en el telediario veas escenas de pobreza, de asesinato o delincuencia, de estragos medioambientales o de guerra, no cambies el canal ni te quedes paralizado por el horror. Simplemente ve lo que se muestra, siente lo que sientes e inspira y espira.

Este ejercicio podría producir una fuerte resistencia. ¿Por qué debo prestar atención a algo tan deprimente? Pero recuerda que ser pacífico en realidad no es ser pacífico si depende de estar tal como te gusta estar. Ser pacífico significa «serlo» ocurra lo que ocurra. Esto no quiere decir que tiene que gustarte lo que ves ni estar de acuerdo con ello, sino que puedes aprender a estar en paz en medio de eso, mientras de todos modos lo experimentas. Si intentas vivir siempre protegido dentro de una burbuja, vivirás de modo precario: la burbuja podría reventarse. El verdadero sosiego o paz no tiene nada que temer de la verdad de la vida: si es cierto, es para ti.

Así pues, ve si puedes estar con todo lo que ves. Ve si puedes extender tu atención para abarcar a todo el mundo. Algún día podrías descubrir que tú y el mundo no sois tan diferentes después de todo.

Haz un Ciclo Una Respiración la próxima vez que veas algo chocante o deprimente. En realidad, siempre que veas algo que no deseas ver, intenta hacer un Ciclo Una Respiración. Por favor, practica esto durante un mes antes de continuar leyendo.

Yendo y viniendo

Ahora estás preparado para el siguiente paso. Literalmente. En lugar de estarte quieto sentado, ahora debes aprender a estarte quieto mientras caminas, mientras realizas alguna actividad. Hazlo poco a poco, por favor.

Normalmente, cuando caminamos hacia algún lugar no somos conscientes de lo que hacemos; tenemos la atención enfocada en el lugar adonde vamos, al menos hasta que chocamos con alguien, tropezamos en un peldaño o nos resbalamos en el hielo, y despertamos. Pero cuando uno va concentrado solamente en el objetivo se pierde el proceso. Vivimos con la idea de un momento futuro, no en lo que está ocurriendo en «este» momento. Y de una cosa puedes estar seguro: tan pronto como llegas adonde ibas, tu mente crea un nuevo trayecto, un nuevo problema por resolver, un nuevo objetivo. Por lo tanto, no experimentando el viaje o trayecto, no experimentamos nuestra vida.

El ejercicio de este capítulo te servirá para aprender a estar presente donde estás. Te desacelera inmediatamente. Podrías pensar «Sólo es caminar». Pero incluso caminar puede ser muy sutil: cada paso contiene muchos pasos, así que vale la pena desglosarlos. Si puedes practicar este ejercicio de esta manera tan sencilla, sus beneficios se reflejarán en toda tu vida. Te servirá para estar más presente en lo que sea que te ocurra, dondequiera que estés, paso a paso.

Este ejercicio consta de dos fases.

Fase Uno:

1. Quédate quieto.
2. Lentamente mira el suelo.
3. Siente el contacto entre tus pies y el suelo.
4. Haz un Ciclo Una Respiración.

Este ejercicio es muy útil cuando uno va y viene en sus actividades. Muchos vamos por el mundo sin tener idea de dónde ponemos los pies, de si estamos o no equilibrados, o a veces ni siquiera de dónde estamos (sin duda esta es una causa importante de accidentes). Yo hago este ejercicio para interrumpir mis viajes o trayectos, por ejemplo cuando doblo una esquina o llego a la cima de una colina, o antes de tocar el timbre. Es un buen ejercicio también para practicarlo antes de levantar algo pesado. Habitúate a detenerte un momento, donde estés, a sentir los pies en el suelo y respirar. Te soprenderá comprobar la cantidad de estrés que se disuelve con esto.

Ahora haz una pausa para intentar la Fase Uno.

Fase Dos:

1. Quédate quieto.
2. Lentamente mira el suelo.
3. Siente el contacto entre tus pies y el suelo.
4. Pasa todo tu peso al pie derecho.
5. Inspira a la vez que levantas el pie izquierdo.
6. Pon el pie izquierdo delante, pasando la mitad de tu peso a él, y espirando totalmente.
7. Detente.

Es posible que la primera vez que intentes esto te sientas algo descoordinado, pero con la práctica lo encontrarás muy natural. Si tienes tiempo extra, intenta hacerlo con el otro pie: un pie después del otro, sólo un paso cada vez. Quizás algún día podrías intentarlo atravesando toda la sala, saliendo por la puerta y siguiendo por el camino de entrada o caminando por la ciudad. Pero dondequiera que te lleve este ejercicio, trata de experimentar cada paso como si este fuera tu único destino, como si no fueras a ninguna parte, simplemente «siendo» donde ya estás. Porque la única manera de estar presente en el viaje es creer que cada momento del trayecto «es» el destino.

Ahora haz una pausa para intentar la Fase Dos.

Siendo

He oído a muchos maestros espirituales decir que pasamos demasiado tiempo «haciendo». Nos recuerdan que somos «seres» humanos, no «haceres» humanos. Bueno, con los ejercicios de este libro probablemente te has preparado para simplemente «ser». En algunas tradiciones espirituales, este es un punto de llegada.

Esto se debe a que gran parte de nuestro legado espiritual nos lo han transmitido monjes o monjas que vivían enclaustrados en monasterios, o anacoretas que abandonaban totalmente la sociedad. Estos pioneros alcanzaban una enorme sabiduría, sin duda, pero muchas veces esto lo hacían a expensas del mundo y a veces incluso negando u odiando al mundo. Sus enseñanzas y los ejemplos de sus vidas nos han transmitido la peligrosa creencia de que la serenidad sólo es posible separados del mundo, en otro mundo, o en el próximo mundo. Esto nos deja muy poca esperanza y muy pocas técnicas para encontrar la serenidad en este mundo. Creemos que la serenidad sólo se puede encontrar donde no hay mucho que hacer: en la iglesia, en un monasterio, en un retiro, en el desierto o en la próxima vida. Esto no sólo es desalentador, sino que también nos deja fuera, desconectados. Creemos que la percepción espiritual, o un firme compromiso con la práctica espiritual, es para ellos, no para nosotros.

Así pues, no olvidemos ni despreciemos la importancia de hacer. La vida se compone de descanso «y» actividad, pausa «y» crecimiento, ser «y» hacer. La quietud pura no puede ser el objetivo;

la actividad no puede ser el problema. Ten presente que cuando estamos sentados quietos, o durmiendo, en el cuerpo hay una inmensa actividad; los pulmones se expanden y contraen, el corazón late, las neuronas funcionan, por nombrar sólo una de las pocas actividades constantes.

El reto definitivo es encontrar la paz de ser «en medio del hacer», practicar ser «haciendo» esto y aquello. Los tibetanos tienen una bonita frase para esto, una frase que consideran tan importante que la repiten constantemente: *Om mani padme hum.* Cuya traducción es: «La joya de la eternidad se encuentra en el loto del nacimiento y la muerte». La «joya de la eternidad» es otra manera de decir el ser puro, y «el loto del nacimiento y la muerte» es otra manera de decir el mundo del tiempo, o, del hacer. Entonces esta frase significa que a pesar de las fantasías de escapada que podríamos tener, la experiencia última de «ser» se encuentra en medio del «hacer».

Hasta ahora has desviado la atención de lo que estabas haciendo para estar presente en tu respiración. Pero ahora el reto es observar tu respiración mientras haces lo que estás haciendo. Digamos, por ejemplo, que has aprendido a parar, cuando estás moliendo café o lavando el coche, para hacer un Ciclo Una Respiración. Ahora no paras, no dejas de moler el café o de lavar el coche. Ahora respiras en y con lo que estás haciendo. Observas tu respiración mientras haces lo que estás haciendo. Haces ambas cosas a la vez. «Eres» ambas cosas a la vez. Al hacer esto, respirar y hacer, no hay un tú ni hay lo que estás haciendo: el pasado y el futuro se funden en el ahora siempre desplegable.

Ahora tómate un momento para intentar hacer este ejercicio, haciendo lo que estás haciendo.

Esta práctica puede ser muy estimulante, pero también muy difícil. A veces puede sentirse como un gran estirón, como si tuvieras un pie en una orilla y el otro en la otra y estuvieras colgado más o menos en el medio: es así de difícil. De hecho, yo tengo dificultades para hacerlo ahora: mientras escribo estas palabras no soy consciente de mi respiración. Y luego, cuando paro para tomar conciencia de mi respiración, dejo de escribir. Eso es lo que ocurre. Pero continúa intentándolo. Vuelve a intentarlo. Todo junto ahora.

Siempre que lo necesites puedes volver al Ciclo Una Respiración o incluso al Minuto Básico. Estos siguen ofreciéndote un refugio, un lugar al cual volver para rejuvenecer. Pero ten presente que no hay manera de retirarse de la vida. La manera de encontrar paz no es correr a los momentos de simplemente «ser» con el fin de tener energía para el trabajo difícil de «hacer», sino aceptar que la vida está hecha de hacer lo que sea que haya que hacer.

Centrando la atención en «ser y hacer» descubrirás que hacer es de suyo una manera de ser. Hacer es la naturaleza de tu ser. Y a medida que practiques esto te sentirás más conectado con el flujo continuo de ser y hacer, lo que podría llamarse «hacer apacible».

La maestría comienza cuando uno ya no necesita extraer un momento del tiempo para prestar atención a su respiración, practicar ser o experimentar paz, sino cuando se experimenta la paz de ser en el loco caos de hacer.

Ahora, a lo largo de todo el día, te encuentras haciendo y respirando, haciendo y respirando, haciendo y respirando. Te sorprendes notando que estás siendo, notando que estás haciendo, notando que estás notando e incluso notando que notas que estás notando, y, todo el tiempo, respirando.

Así pues, ve si puedes estar en todo. Ve si puedes instalar tu ser totalmente en todo lo que haces. Ve si puedes hacer lo que haces con esa sosegada manera de ser. Deja que lo que haces ocupe toda tu mente, sin nada que lo estorbe: sin fantasías sobre el futuro, sin recuerdos del pasado, sin precipitación y sin aminorar el ritmo. Esto es hacer quieto, apacible. Finalmente podrías descubrir que tú y lo que estás haciendo no sois tan diferentes en realidad. Podría incluso parecerte que tú y el mundo respiráis como uno solo. En momentos como esos, podrías notar que todo se hace más luminoso, o más nítido, mejor enfocado, como si la cacofonía de la orquesta afinando los instrumentos se hiciera repentinamente armoniosa. En momentos como esos estás totalmente presente en lo que haces y también sabes que no lo estás haciendo tú. Algo superior a ti está haciendo lo que haces. Ya casi has acabado. Y sólo estás comenzando.

SÉPTIMA PARTE

El milagro del Momento

Descanso y recreación

En este apartado vas a aprender unas cuantas aplicaciones flexibles, juguetonas y adaptables de los ejercicios que has aprendido hasta aquí. Estos ejercicios te servirán para fusionar tu práctica con todo lo que haces y para valorar cada momento como milagroso. Pero antes debo explicar el concepto de «creación continua», que se encuentra en la rama mística de muchas religiones. En realidad, creación continua no es tanto un concepto como una experiencia. Es la percepción directa de que no hay conexión causal de un momento al siguiente: todo el universo parpadea, reiniciando su existencia, todo entero, momento a momento.

Una buena manera de entender la creación continua es la metáfora de una película. Una película está hecha de imágenes fijas, inmóviles, que aparecen una a una, a mucha velocidad («cine» viene de la palabra griega *kinesis*, movimiento). Las películas son versiones avanzadas de esos libros antiguos con imágenes en secuencia, en los que al pasar rápido las páginas parece que las figuras se mueven, como si una causara la siguiente. Pero la conexión entre las imágenes no está en las imágenes, está en la mente del que las mira (y en la de quienquiera ideó el libro). En las películas, esta técnica es tan sofisticada (24 fotogramas por segundo) que uno no se da cuenta de que los fotogramas están separados.

La creación continua sugiere que la realidad se crea nueva en cada momento. Esto no es lo mismo que el creacionismo, porque no implica que el universo fue creado en algún momento del pasado. Y no está en conflicto con la ciencia. Es simplemente una manera de ver la realidad que se ha experimentado mediante la práctica espiritual, tanto en las religiones teístas como en las no teístas. Es el fundamento del misticismo hindú, y fue postulada por el erudito islámico del siglo XII Abu Hamid Al-Ghazali. Así lo expresa el erudito zen D. T. Susuki: «Es mi solemne proclamación que en cada momento se crea un universo nuevo». Y así lo expresa el místico cristiano maestro Eckhart: «Dios está creando todo el universo, plena y totalmente, en este presente ahora».

El rabino David Cooper dice:

> [En la tradición mística judía] el Ahora se apoya en la palma de la mano de Dios, por así decirlo. La dimensión de este momento es sostenida en su totalidad por la naturaleza de lo Divino. Por lo tanto, existe una relación vital entre Dios y todos los aspectos de la creación. Cada respiración que hago es iniciada, sostenida y nutrida por el poder de la creación. Cada acontecimiento está impregnado por la magia de la Divina Presencia.[14]

Decir que cada momento está recién creado y que esto ocurre continuadamente también significa que no hay continuidad intrínseca entre un momento y el siguiente. Ni siquiera podemos saber que habrá un momento siguiente. Claro que esto no se conforma con nuestra manera normal de mirar la vida; demos por descontada la continuidad. Pero la continuidad de un momento al siguiente es una ilusión, según el concepto de creación continua.

Del concepto de creación continua se infiere que cada momento es absolutamente nuevo, libre del pasado y no obstaculizado por él. En cada momento el mundo se re-crea. En el próximo momento, todo podría ser totalmente diferente. Esto da pie a posibilidades bastante radicales, que exploraremos en los próximos capítulos.

Como mínimo, la idea de la creación continua debería hacernos pensar de modo algo diferente sobre el descanso y la «recreación». Normalmente, cuando deseamos recreación pensamos en actividades de ocio, como practicar un deporte o hacer un crucero. Pero este tipo de recreación sólo nos da un descanso, para que podamos volver a nuestra vida y acumular más estrés. La creación continua sugiere que si uno desea verdadero rejuvenecimiento, necesita re-creación, no recreación. Hemos de experimentarnos recreados, momento a momento. Afortunadamente, el Método Un Momento va justamente de eso: de re-creación.

El Momento de opción

Piensa en el momento en que despiertas por la mañana, el «primerísimo» momento después de despertar. En ese momento estás receptivo e inocente, como un pizarrón en blanco, como si durante la noche te hubieras olvidado totalmente de ti mismo y vuelto a un lugar de pura posibilidad. Entonces, en el momento siguiente, recuerdas. Recuerdas todas tus esperanzas, todos tus miedos, estrés y tensión: todo llega como una riada. Tu alma inocente se pone un cuerpo desgastado por el tiempo y la experiencia, y desaparece el estado de pura posibilidad. Enfrentas, pues, el día, no con una mente abierta, receptiva, sino con un montón de expectativas basadas en tus experiencias pasadas, aun cuando de ninguna manera puedes saber lo que ocurrirá.

Pero ¿qué ocurriría si ignoraras ese viejo y quebradizo conjunto de expectativas? ¿Y si pudieras vivir en esa actitud de inocencia, en una actitud «no actitud», durante todo el día? Yo creo que cuando Cristo dijo que quien quiera entrar al Reino de los Cielos tiene que ser como un niño, se refería a esa receptividad y franqueza esenciales que tenemos cada uno, esa actitud de acabar de despertar. Seguro que eso es también lo que quería decir Buda cuando hablaba de nuestra «naturaleza original».

¿No es maravilloso que se nos dé esta receptividad cada mañana, aunque sólo sea un momento? No sé por qué nos damos tanta prisa en abandonarla, y en adoptar nuestras suposiciones, pero tal vez podamos aprender a no hacerlo. Una buena manera de comenzar, creo, es simplemente observar la primera vez que lo hacemos cada día.

Así pues, prueba este ejercicio: haz un Ciclo Una Respiración en el momento mismo en que despiertas. Al principio tal vez no veas este momento, pero finalmente lo conseguirás. Comienza por hacer un Ciclo Una Respiración o un Minuto Portátil, acostado, antes de bajar de la cama. (Quizá te cueste acordarte de hacerlo, ya que normalmente nos levantamos muy rápido y al instante comenzamos la actividad, así que procura poner un recordatorio junto a tu cama por la noche.) Cuando lo hayas conseguido, intenta hacer un Ciclo Una Respiración antes de abrir los ojos. Después, poco a poco, con el tiempo, trata de acercar más el Ciclo Una Respiración al momento de despertar.

Cuando lleves un tiempo haciendo esto, intenta hacerlo a la inversa. En algún momento, ya avanzado el día, ve si puedes «desprenderte de la actitud»; ve si puedes volver a la actitud de inocencia que tenías al despertar. Ve si puedes desprenderte de tus suposiciones como si fueran una máscara. Ve si puedes desengancharte; ve si puedes liberarte.

Lo importante es que en cada momento tienes una opción radical acerca de quién eres y cómo estás. Tienes la opción de no actuar como has actuado siempre. Tienes la opción de decidir si recibes el momento siguiente con la mente cerrada o abierta. Si puedes captar el momento antes que intervengan tus hábitos y expectativas y entren como una riada y se apoderen de tu inocencia y la inunden, entonces podrás hacer una respiración y darte tiempo para una nueva opción. Poco a poco, con el tiempo, irás descubriendo que vuelve espontáneamente tu receptividad original para renovarte, muchas veces durante el día, y que ya no necesitas optar o decidir.

Juventud eterna

Hace varios siglos los exploradores buscaban la «fuente de la juventud», con la esperanza de que bebiendo sus aguas evitarían la vejez y la muerte. Hoy en día, en que somos mucho más sofisticados, buscamos la fuente de la juventud en una píldora recetada por el médico o en un batido de zumos. Sin duda la ciencia médica nos puede prolongar la vida, pero una parte del trabajo de buscar la juventud eterna estaría mejor empleado buscando el espíritu juvenil eterno.

El espíritu juvenil no es una cualidad que se pueda encontrar imitando la forma de vestir, los gustos musicales y la jerga de los adolescentes. El espíritu juvenil no es la disposición a hacer «puenting» a los sesenta y cinco años. En su núcleo, el espíritu juvenil es simplemente una disposición de la mente, una mentalidad que recibe cada momento con la idea de posibilidad. Creo que el Ciclo Una Respiración es la fuente del espíritu juvenil.

El motivo de esto, claro, es que el espíritu juvenil tiene todo que ver con tener una mente abierta, receptiva y curiosa. Imagínate cómo le parece el mundo a un bebé: una continua fuente de asombro y una constante oportunidad para experimentar y aprender. Esto es innato, natural en el bebé; nacemos con el espíritu de los artistas creativos y los científicos experimentales (lógicamente, a esa edad carecemos de las habilidades técnicas). Sin embargo, cuando llegamos a la edad madura estamos tan seguros de que sabemos cómo funcionan las cosas que perdemos esa embelesada curiosidad por el mundo que nos rodea. Nos parece que lo hemos visto todo, que lo hemos hecho todo, que lo sabemos todo. Pero en realidad no sabemos cómo funcionan las cosas y hemos aprovechado muy poco el potencial de nuestra creatividad e ingenio.

Si bien es difícil que alguna vez volvamos a captar la extraordinaria sensación de maravillarse de un niño al ver por primera vez el mundo, no es necesario que nos sintamos aburridos o creamos que la vida es previsible. No hay ninguna necesidad de perder ese asombro ante la extraordinaria exposición que nos ofrece el mundo cada día. Los maestros saben que a medida que envejecemos podemos apreciar más la vida: tomamos más conciencia de la simple realidad de que la existencia es un milagro. Es decir, para un maestro, el espíritu juvenil mejora con el tiempo.

Manejo avanzado del tiempo

En todo momento están totalmente presentes la «voluntad de vivir» y la «amenaza de la muerte». Para que algo comience, otro algo debe terminar. Cuando algo termina otro algo comienza. No hay vuelta de hoja: todo lo nuevo depende de la muerte de algo viejo.

Esto no lo digo en el sentido literal de correspondencia unívoca. No quiero decir que por cada bebé que nazca alguien tiene que morir. Lo que quiero decir es que cada nuevo estado de ser marca el fin de otro estado de ser. Por ejemplo, el primer día de escuela se acaba la vida de preescolar. Cuando se fusionan dos empresas, dejan de ser organizaciones independientes. Cuando una persona se casa deja de ser soltera, y aun en el caso de que se divorcie no vuelve a ser una persona que nunca se ha casado.

En un sentido más profundo, en todo momento muere la persona que «eras» y te conviertes en recién nacido. Esto lo digo en el sentido psíquico, por supuesto, pero también es cierto físicamente: en cada momento nacen algunas células y mueren otras. Uno cambia, en todo momento. El nacimiento no es algo que sólo ocurre al comienzo de la vida, y la muerte no es algo que sólo ocurrirá al final. En este mismo momento están ocurriendo nacimiento y muerte. Son los componentes de la existencia. Cada momento tiene un final y un comienzo.

Así pues, a medida que te aproximas a la maestría del momento, podrías experimentar momentos de inmensa alegría, cuando todo lo percibes radiante y nuevo, y momentos de inmensa tristeza, cuando de verdad entiendes que todo, sí, todo, muere. Para abrazar totalmente el momento es necesario abrazar estas dos perspectivas fundamentales del ser. Debes permitir que estas dos fuerzas tan opuestas encuentren un equilibrio en tu corazón. Sólo cuando comprendes esto totalmente, aceptando el movimiento de estas dos fuerzas en lo más profundo de ti, estás verdaderamente en paz.

He aquí dos prácticas que te servirán para experimentar el nacimiento y la muerte de cada momento; una se centra en el final y la otra en el comienzo.

Terminando

Muchas personas, cuando se acercan a la muerte, comienzan a despojarse de su personalidad cotidiana. Hacen balance de su vida y sienten la necesidad de acabar asuntos emocionales inconclusos. Deseando morir en paz, habiendo dicho la verdad, comienzan a expresar sentimientos profundos que tal vez no habían expresado antes. Para reconciliarse con amigos o familiares distanciados, dan voz al amor, al perdón, al arrepentimiento o a la gratitud.

Pero no hay por qué esperar a estar casi muerto para hacer esto. Simplemente imagínate que estás a punto de morir, ahora, y aplícate a la tarea.

Este es un ejercicio muy potente, y lo único que requiere es imaginación. Sencillamente imagínate que este es el último momento de tu vida y disponte a morir. Ahora. Pero justo antes de hacerlo, pregúntate: si este fuera tu último momento, ¿cómo desearías estar? ¿Querrías estar preocupado? ¿Querrías estar tenso o relajado? ¿Desearías sentir furia o disposición a perdonar? ¿Te gustaría mostrarte ceñudo o sonriente? ¿Qué imagen te gustaría tener en la mente? ¿Qué postura te gustaría que adoptara tu cuerpo: tensa o relajada? ¿Sentado o bailando?

Para hacer más poderoso aún este ejercicio, considera una de estas tres suposiciones iniciales, la que mejor encaje con tus creencias: «El cómo mueres en esta vida determina cómo nacerás en la siguiente»; esta suposición se inspira en la filosofía oriental del karma. O esta: «El estado de tu alma cuando mueres determina cómo pasarás la eternidad»; esta se inspira en la idea bíblica de la justicia divina. O esta: «Imagínate que en el momento en que mueres alguien toma una foto de tu alma y luego la difunde por Internet»; esta suposición más moderna se inspira en la ciencia ficción, pero tendría que dar resultado.

No me cabe duda de que comprendes que sea cual sea la suposición inicial que elijas para tu final te llevará directamente a tu ser más esencial. La idea que respalda este ejercicio es que ya tenemos acceso a nuestra naturaleza superior más profunda, por lo tanto, ¿para qué esperar hasta estar casi muerto para experimentarlo? ¿Por qué no vivir ya a partir de eso?

Puedes hacer este ejercicio muchas veces a lo largo del día. Yo lo hago siempre que algo me recuerda especialmente la muerte: cuando presencio un accidente de tráfico, cuando despega o aterriza mi avión, cuando visito a alguien en el hospital, cuando despido a alguien en la estación de ferrocarril, o cuando oigo la noticia de un desastre natural. Aprovecho cada una de esas experiencias para recordar que yo podría morir en ese mismo instante. Normalmente este pensamiento me incita a enderezar la espalda, porque no quiero morir encorvado, y a abrir el corazón, porque no quiero morir cerrado. El beneficio es que, en el momento siguiente, si sigo vivo, estoy un poco más erguido y me siento un poco más amoroso.

Imagínate que este es tu último momento. ¿Cómo te gustaría estar?
Trata de adoptar con el cuerpo esa postura y poner tu alma en esa
condición. Intenta hacerlo ahora mismo. Intenta hacerlo siempre
que algo te recuerde la muerte.

Comenzando

Una vez, en un vuelo transatlántico de París a Nueva York, me
mantuvo entretenido un niñito de unos cinco años que iba sentado en el asiento de adelante, muy resuelto a jugar a esconder y enseñar la cara. A pesar del empeño de su madre instándolo a que se
quedara quieto, él se dejaba caer en el asiento, ocultándose, y pasado un momento asomaba la cabeza por encima del respaldo. Cada
vez que aparecía, yo fingía sorpresa y él se echaba a reír encantado.
Me imagino que creía que yo de verdad pensaba que había desapa-
recido. Jugamos a esto una y otra vez, durante todo el trayecto. Y a
él, cada vez le parecía algo nuevo.

El juego de esconder y mostrar la cara les sirve a los niños
para aprender acerca de la continuidad. Los recién nacidos no
dan por descontada la continuidad. Necesitan que se les tranqui-
lice continuamente asegurándoles que existe una presencia amo-
rosa y sustentadora que está con ellos. Sólo pueden jugar a este
juego cuando están seguros de que hay continuidad en ellos y en
el mundo; si no, sería aterrador. Así pues, para los niños de muy
corta edad, jugar a esconder y enseñar la cara es una manera de
practicar y reforzar su recién adquirida percepción de la continuidad: aunque la mamá tenga los ojos tapados, sigue ahí. Para
los niños algo mayores, como el del avión, el juego es una manera traviesa de recordar el tiempo en que la continuidad no se
daba por descontada.

Cuando nos hacemos mayores damos tan por descontada la continuidad que olvidamos que la discontinuidad es posible. La única discontinuidad que podemos imaginarnos es la muerte, y nos esforzamos en no pensar en eso. Podríamos decir que nos apegamos a la continuidad, en especial la propia. Trabajamos muchísimo para vivir el mayor tiempo posible, e intentamos prolongar nuestra continuidad después de la muerte, mediante nuestras consecuciones y nuestros hijos. Al parecer, creemos que nuestra vida debería continuar en una línea recta hasta la infinitud.

Pero mantenernos enteros de un momento al siguiente, en una línea recta, genera muchísima tensión, porque si uno se estira en el tiempo, se estira demasiado. La continuidad es de suyo un tipo de tensión. Sin embargo, si de adultos nos abrimos a la discontinuidad, podemos encontrar cierta liberación. Experimentar la discontinuidad (después de haber dominado la continuidad) significa saber realmente que en el próximo momento todo podría ser diferente. Dejas de dar por descontada la vida.

Así pues, en este momento, imagínate que estás jugando a esconder y enseñar la cara con el mundo. Cierra los ojos y ábrelos, rápido. Imagínate que ves el mundo por primera vez. ¿Qué observas? ¿Qué te atrae la atención? ¿Cómo te sientes?

Al hacer esto, mientras más finjas que eres un niño pequeño, más obtendrás del juego. Cierra los ojos e intenta tenerlos cerrados un ratito más o ciérralos con más fuerza. Entonces ábrelos repentinamente, todo lo que puedas, con una expresión de sorpresa en la cara. Mira alrededor y contempla el nuevo mundo que ha aparecido de repente.

Haz esto ahora.
Juega a esconder y mostrar la cara con el mundo.

Este juego puede parecerte tonto al principio, pero da resultado, de verdad. Puedes hacerlo siempre que necesites renovar tu percepción. Con este ejercicio ciertamente experimentarás más deleite en el mundo. Y sin duda vas a ver con más placer.

Manejo del Momento

Cuando estudiaba organización y administración de empresas, aprendí muchas teorías y habilidades útiles, pero también me pareció que la práctica de la administración no era coherente con mis creencias espirituales. Para mí, la espiritualidad estaba relacionada con la confianza, la franqueza y la humildad, mientras que la admistración y la organización guardaban relación con la predicción y el control.

En realidad, muchos directores y gerentes operan a partir del miedo de que la vida no esté bien si ellos no la organizan. Pero no son solamente los organizadores profesionales los que tienen este miedo. Todos lo tenemos. Todos organizamos o intentamos organizar algo. Todos intentamos por lo menos organizarnos a nosotros mismos. Es un círculo vicioso: nos sentimos nerviosos, por lo tanto organizamos más, y cuanto más organizamos, más nos preocupa qué podría ocurrir si no organizáramos.

Pero al vivir organizando inhibimos el flujo natural de la creatividad. Inhibimos la posibilidad de que ocurra algo imprevisible, y nos cuesta adaptarnos cuando esto ocurre, y vaya si ocurre, siempre. No confiamos en la sabiduría intrínseca de la situación ni en la sabiduría intrínseca del grupo. Imponemos soluciones basándonos en modelos de experiencias anteriores como si fueran reglas absolutas de la vida.

La verdad, si un milagro, o simplemente una idea extraordinariamente buena, deseara ocurrirnos, tendría que golpearnos muy fuerte en la cabeza, porque si no, no lo notaríamos o no lograríamos adaptarnos. Y, sin embargo, cada día se nos presentan un millón de maravillosas y nuevas oportunidades. El universo siempre nos está ofreciendo una nueva manera de salir de viejos problemas, o por lo menos una nueva manera de verlos o considerarlos. El universo cambia momento a momento y desea que nosotros cambiemos con él. Hay nuevas ideas muriéndose por nacer.

Así pues, la próxima vez que sientas un impulso a organizar y controlar, detente. Haz un Ciclo Una Respiración y ve qué ocurre. Haz esto cada vez que sientas la necesidad de dirigir, controlar u organizar, ya sea toda una ciudad, una empresa con miles de empleados, los alumnos de una clase, tu familia, tu pareja, o a ti mismo. Observa cómo es dejar de controlar un momento. Ve cómo es pasar un momento sin controlar.

Ahora bien, es posible que creas que todo el mundo que te rodea desea, necesita y espera que tú estés al mando, desean un líder fuerte. En realidad, dices, todos se aterrarían si dejaras de dirigir. Pero tal vez esto se debe a que se han hecho dependientes de que otra persona haga el trabajo de organizar. Tal vez si dejas de controlar, aprendan. Tal vez si todos dejáramos de controlar nos organizaríamos bien. Cuando trabajo con gerentes y administradores intento hacerles descubrir la rica fuente de sabiduría de los momentos no controlados.

Ten presente que, pese a los mejores medios para hacer pronósticos que hay en el mundo, en realidad no sabemos qué va a ocurrir en el momento siguiente. Y eso no se puede controlar. Esto no quiere decir que la ciencia de la predicción no tenga ningún sentido, ni que no debemos hacer planes para el futuro. Simplemente significa que nuestros planes deben venir de una percepción del cambio constante y una receptividad total a lo que podría ser. Si logramos aprender a controlar menos, o más bien, a controlar a partir de una intensa presencia en el presente, podemos hacerlo con menos miedo y mayores posibilidades.

Si cada momento es radicalmente nuevo, esto significa también que el presente nunca está totalmente predeterminado por el pasado. Aunque podrías quejarte de que eres una víctima del pasado o de que estás limitado por las decisiones que tú y otros habéis tomado antes, no tienes por qué dejar que tus experiencias del pasado coloreen tu presente. Puedes sentirte amargado o esperanzado; puedes sentirte rendido u optimista; puedes tener la mente cerrada o abierta.

Uno de los secretos para librarse del estrés es sencillamente reconocer que en realidad no sabes lo que va a pasar, que no estás al mando y que incluso las cosas de las que estás seguro están siempre en movimiento, cambiando perennemente. Este es también uno de los mejores regalos que puedes hacerle a los demás: ten presente que ellos también están cambiando.

La persona maestra de Un Momento aprovecha cada momento de atención para recordar lo poco que sabe. Emplea cada momento de presencia para abrirse a las posibilidades. Esta es una práctica de no saber, y está en el corazón de la humildad. Intenta añadir esto a tu práctica: cuando te sorprendas a punto de actuar como un sabelotodo, haz un Ciclo Una Respiración. Cuando te sorprendas a punto de actuar basándote en una suposición no puesta en tela de juicio, haz un Ciclo Una Respiración. Vuelve a un estado de inocencia y recuerda lo poco que sabes. Manténte abierto a la posibilidad de que algo será diferente. Dale un poco de libertad al mundo. Te sorprenderá.

El Momento del giro en redondo

En la introducción expliqué que la palabra «momento» viene de la palabra latina que significa «una partícula suficiente para inclinar la balanza». Sugerí que un momento podía tener enormes consecuencias. La pregunta es si estamos despiertos para ver la oportunidad y si somos capaces de aprovecharla para cambiar las cosas.

La siguiente es una situación que, no me cabe duda, ocurre muchas veces, cada día, en todo lugar de trabajo. Una persona está estresada (debido a un plazo fijo, a una evaluación o revisión de su rendimiento o a alguna crisis) y le contagia su estrés a otra persona o a todos los demás, en especial a los que están más abajo en la jerarquía. Este es comportamiento tóxico: conduce a cometer errores en el trabajo, a resentimiento soterrado, a hipertensión y a elevados costes en movimiento de personal. Lamentablemente, muchos padres también les hacen esto a sus hijos. Es como tratar a patadas al perro.

Pero hay otra manera de hacer las cosas. Procura decirte en voz baja con frecuencia: «Psst, no lo transmitas». Esto significa que, te ocurra lo que te ocurra, prometes no pasar tu estrés a otras personas. El estrés que has acumulado o absorbido, aunque sea por culpa de otra persona, ahora es responsabilidad tuya transformarlo: hacer de tu cuerpo una vasija de cambio.

Si intentas hacer esto, el Método Un Momento es muy útil. Cuando te sientas estresado, ofendido, insultado o menospreciado, en lugar de actuar impulsivamente, detente. Haz un Minuto Portátil o un Ciclo Una Respiración. Tal vez compruebes que el sentimiento se ha disipado; o podrías encontrar una manera de liberarlo de forma adecuada; o tal vez descubres que el sentimiento se convierte en energía pura, y que esa energía se propaga por tu cuerpo, convirtiéndose en una sensación de vitalidad y capacidad.

Si practicas esto repetidamente, descubrirás que el estrés de otras personas no te estresa tanto. Y si cada uno de nosotros dejara de transmitir su estrés, creo que nos llegaría mucho menos estrés.

La mayoría de las personas parecen vivir de acuerdo a la tercera ley del movimiento de Newton: «A toda acción se opone una reacción de igual magnitud». Si alguien nos hace daño, nosotros le hacemos daño o bien se lo hacemos a otra persona en su lugar. Pero cuando juramos «no transmitirlo» intentamos vivir en armonía con la enseñanza de Cristo: «Si alguien te golpea en una mejilla, preséntale la otra». Esta enseñanza nos recuerda que no somos objetos newtonianos para reaccionar con un acto igual y contrario: somos personas, y podemos hacerlo mejor. Si pudiéramos estar siempre preparados para hacer un Ciclo Una Respiración, podríamos disponer de un poco de tiempo. En ese momento podríamos ser capaces de elegir conscientemente o golpear igual, presentar la otra mejilla o encontrar otra opción. Tal vez un momento podría volver el mundo del revés.

Haz un pequeño letrero que diga «Psst, no lo transmitas».
Ponlo en un lugar donde lo veas con frecuencia.
En lugar de reaccionar al estrés de alguien,
intenta hacer un Ciclo Una Respiración.

El Momento oportuno

En griego antiguo hay una palabra maravillosa, *kairós*, que significa «momento oportuno». *Kairós* sugiere que hay momentos oportunos para ciertas cosas y momentos oportunos para ciertas otras, como en el versículo de la Biblia: «Todo tiene su momento y todo cuanto se hace bajo el sol tiene su tiempo».

Sin embargo, la mayor parte del tiempo hacemos cosas cuando el momento es inoportuno. La verdad es que somos muy poco sofisticados en nuestra capacidad para captar el momento oportuno. ¿Cuántos esfuerzos se desperdician y cuánto se eleva la tensión arterial por no ver cuándo es el momento oportuno?

Por ejemplo, seguro que en algún momento has intentado darle un consejo a una persona amiga y has tenido la fuerte sensación de que tus palabras han caído en saco roto. En otra ocasión has dicho justo lo que era conveniente y ha sido muy útil: ha llegado el mensaje. El truco de dar consejos no está solamente en saber «qué» decir, sino también, «cuándo» decirlo. Este mismo principio se aplica a la toma de decisiones: no es solamente «qué» hacer, sino también «cuándo» hacerlo. Un maestro conoce el momento oportuno para todo y por lo tanto no desperdicia esfuerzos en nada.

Durante gran parte mi vida yo entendía esto totalmente al revés. Al parecer me encantaba empujar cuando la puerta estaba cerrada y perdía interés cuando estaba abierta. La mayoría de las personas no son tan masoquistas; simplemente no observan sus ritmos ni los ritmos del mundo que las rodea. Pero es posible aprender a escucharse más atentamente y aprender a leer con más precisión las señales del mundo. Podemos aprender a captar cuándo el momento es oportuno. Podemos aprender cuándo debemos esforzarnos más y cuándo descansar. Podemos aprender cuándo hay que coger la oportunidad y cuándo dejarla pasar.

En el arte del tiro con arco, se llama *kairós* a «una abertura u "oportunidad" o, más exactamente, a una abertura larga, parecida a un túnel, por donde debe pasar la flecha. El paso exitoso por un *kairós*, por lo tanto, exige que el arquero dispare la flecha no sólo con precisión sino también con la fuerza suficiente para penetrarlo».[15] Esto sugiere que necesitamos una cierta seguridad en nosotros mismos para actuar en el momento oportuno.

En el arte de tejer, se llama *kairós* «al "momento crítico", cuando el tejedor debe pasar la hilaza por un espacio que se abre momentáneamente en la urdimbre de la tela que está tejiendo».[16] Esto sugiere que siempre hay que estar preparado para la oportunidad que se presente. Lamentablemente, muchos tenemos una comprensión tan reducida de nuestras capacidades que no notaríamos la oportunidad aunque nos pasara por delante de las narices.

Pero *kairós* tiene un significado más profundo, que es «tiempo de Dios». En el Nuevo Testamento se emplea la palabra *kairós* para significar «el momento cuando Dios actúa». En un plano superior esto se refiere a la intervención divina, pero en el vivir diario sugiere esperar a que el momento oportuno se manifieste y se nos haga evidente o claro.

Yo creo que en cualquier momento algo desea ocurrir, pero esto podría no ser lo que uno desea conscientemente que ocurra. Maestría significa no solamente saber cómo lograr lo que se desea, sino también «escuchar y observar lo que se desea de uno». Esto no tiene por qué ser una revelación mística. Simplemente significa escuchar para oír la voz más verdadera y profunda del interior, a la vez que prestar atención al espíritu del tiempo.

Pero *kairós* tiene otro sentido también, que es más profundo aún, y este significado favorece una quietud más profunda. Si estás esperando el momento oportuno para experimentar paz interior, no lo hagas. La paz interior puede aparecer cuando menos te la esperas, incluso en medio del estrés personal, una emergencia pública o una gran tragedia (conozco a un bombero que experimentó sus momentos de paz más profunda en medio de un edificio en llamas). Lo importante es que, tratándose de paz interior, cualquier momento y todo momento es el momento oportuno. Todo momento es el momento que has estado esperando.

Podría tentarte decir «Sí que me encantaría tener sosiego ahora, pero no tienes idea de lo ocupado que estoy». Comprendo muy bien esa disculpa; yo la empleo con bastante frecuencia. Pero no tiene sentido, no tiene lógica. En primer lugar, justamente cuando estás más ocupado es cuando más necesitas paz interior. Y en segundo lugar, la verdadera causa del torbellino interior es el propio acto de aplazar, de darle la espalda al momento que está ahí.

Impidiendo que tu mente cree la fantasía de sosiego o paz en el futuro, y aceptando la sensación de estrés que tienes, el estrés se hace algo más fácil de manejar. Y entonces estás mucho más propenso a estar receptivo a la posibilidad de no estar estresado en el momento siguiente.

Así pues, intenta sencillamente estar con lo que ocurre ahora, en el momento presente, aunque no te parezca conducente al sosiego. Armoniza la respiración con lo que está ocurriendo. Pronto comprenderás que los momentos de estrés no son interrupciones del sosiego o la paz, ni retrasos de la quietud, sino parte de su juego. Podríamos incluso decir que el estrés es la manera como el sosiego te desafía a encontrar una paz más profunda.

Fíjate en la próxima vez que te digas «En este momento estoy demasiado ocupado para hacer un Ciclo Una Respiración». Haz un Ciclo Una Respiración inmediatamente.

El Momento definitivo

Estoy convencido de que todos nuestros problemas están relacionados, de una u otra manera, con nuestras creencias acerca del tiempo o del espacio. Podríamos pensar que el tiempo avanza demasiado lento, que ocurren demasiadas cosas a la vez, o que se nos está acabando. Podríamos desear más espacio, o el espacio ideal, o tenemos conflictos con los demás por causa del espacio (por ejemplo en un atasco de tráfico o en disputas por unos límites). Es como si creyéramos que deberíamos poder llegar zumbando a cualquier parte que deseemos, sin limitaciones temporales ni espaciales de ningún tipo; que nada debería interponerse en nuestro camino.

Casi parece que creemos que el tiempo y el espacio nos pertenecen por derecho. Siempre que tenemos un conflicto con el tiempo o el espacio nuestro primer impulso es maldecir, maldecir al tiempo, maldecir al espacio o maldecir a las personas que no actúan de acuerdo con nuestra necesidad de tiempo y espacio, como, por ejemplo, a la persona que camina muy lenta delante por la acera. O intentamos alterar el tiempo y el espacio acelerando o aminorando el paso, dando espacio a otras personas o peleándonos por nuestro sitio.

Ahora bien, quiero sugerirte algo radical: que todo, absolutamente todo, ocurre en el momento oportuno o correcto, incluso las cosas que consideramos muy desafortunadas. Esto no se puede demostrar, lógicamente. Pero puedes probarlo y ver qué pasa. Puedes ver qué pasa si, en lugar de despotricar contra el tiempo y el espacio, o tratar de resolver tu problema con tiempo y espacio, simplemente crees, por un momento, que el tiempo y el espacio son perfectos. No tiene por qué gustarte la situación. En realidad, a veces la encontramos horrible, totalmente horrible.

Siempre que te encuentras inmerso en un conflicto relacionado con el tiempo o el espacio, se produce un momento de gran oportunidad. En lugar de correr o parar o maldecir, simplemente considera que el momento en que ocurre eso es perfecto y el espacio es suficiente; haz un Ciclo Una Respiración, y observa qué es lo que cambia.

Toda experiencia de conflicto, entre tú y el tiempo, entre tú y el espacio, o entre tú y otras personas o entre tú y el mundo, es una invitación a que te tomes un momento. De hecho, el tiempo más oportuno para tomarte un momento es cuando piensas que todo está mal y el momento es inconveniente.

La próxima vez que te sientas en conflicto con el tiempo, que encuentres que el ritmo de las cosas «no está bien» o que «todo está mal», considera que el momento es perfecto para lo que ocurre, simplemente aún no sabes por qué ni cómo. Entonces haz un Ciclo Una Respiración inmediatamente.

Con este ejercicio, quizás al principio sólo experimentes un poco más de paz o sosiego: en lugar de pelearte con el conflicto, respiras directamente en el corazón del conflicto. Sientes un poco menos de conflicto por el conflicto.

Lo siguiente que podrías experimentar es la intuición de que hay algo que aprender ahí, o que ese contratiempo podría estar ocurriendo por algún motivo. En las tradiciones abrahámicas, esta idea se conoce como voluntad de Dios, lo que no siempre nos que-

da claro ni siempre tiene lógica, pero sí que nos da una oportunidad de confiar más en Dios. En las tradiciones orientales, esto proviene de la idea de karma: cada momento es una oportunidad per-
fecta para aprender una lección importante.

Lo siguiente que podrías experimentar es lo único que realmente sana un conflicto con el tiempo o el espacio: amor. El amor
es, sencillamente, la experiencia de que se derriba un límite, la experiencia de que, en realidad, no hay límites. Cuando uno ama a
alguien, es imposible decir «tú» o «yo». En el amor uno es menos
su «yo» y la otra personas es menos la «otra». La forma más profunda de amor, la que podríamos llamar Amor, no es sólo por una
persona cercana, sino por todos y por todo. Este Amor ocurre
cuando se comprende que no hay verdadera separación entre uno
y el mundo, que sólo hay una cosa, que sin cesar toma diferentes
formas.

Siempre que trasciendes el conflicto entre tú y el espacio o entre tú y el tiempo, experimentas este Amor. Porque el Amor no es
una experiencia ocasional avasalladora, sino la naturaleza de la
realidad. Es simplemente lo que experimentas cuando se disuelven
los aparentes límites entre tú y el mundo.

Cuando sientes Amor, estás realmente en el momento. Dijo el
filósofo Alfred North Whitehead: «[El amor] no mira hacia el futuro, porque encuentra su recompensa en el presente inmediato».[17] En otras palabras, mientras experimentamos Amor, no hay
tiempo.

Ahora doy un paso más: no podemos estar realmente en el
momento sin sentir por lo menos un indicio de Amor. Puede que
este no sea una emoción intensa, avasalladora: podría ser muy sutil; podría ser solamente el amor por lo que estás haciendo; o el
simple amor de ser. Si tienes mucha suerte, es el amor de ser haciendo y de hacer siendo.

En la experiencia del Amor, el tiempo y el espacio simplemente dejan de ser un problema. Dejas de contar, dejas de comparar y dejas de medir. Con las palabras de Proust: «El amor es espacio y tiempo medidos directamente por el corazón». En la experiencia del Amor, se disuelven el espacio y el tiempo, y también tú.

Un Momento de Aprecio

Antes de cerrar la Séptima parte, quiero tomarme un Momento de Aprecio. Un Momento de Aprecio se puede tomar siempre que uno se da cuenta de lo que ocurre y desea asegurarse de que lo valora.

Cuando viajamos y vemos un monumento famoso o un paisaje pasmoso, cuando asistimos a una boda o cumpleaños o alguna otra celebración, o cuando vemos a nuestro hijo o hija especialmente guapo o guapa, tendemos a coger la cámara para «capturar» el momento. Acabamos tomando fotos de experiencias que no hemos experimentado. Ese movimiento reflejo de coger la cámara interrumpe la experiencia del momento. A veces, capturar el momento lo mata.

Si quieres probar una alternativa, intenta hacer un Momento de Aprecio. Un Momento de Aprecio es un Ciclo Una Respiración hecho con espíritu de gratitud, de valoración, muy lento, y con esta leve modificación: cuando inspiras te imaginas que inspiras la experiencia, con todos los sentimientos que la acompañan, y te grabas eso en la mente; cuando espiras, te imaginas que expulsas la experiencia con un soplido.

Fíjate que en este ejercicio no «capturas» el momento: lo aprecias plenamente y lo liberas totalmente. Aprecias «este» momento y también haces espacio para el siguiente. Un Momento de Aprecio no detiene el flujo de la vida.

Un Momento de Aprecio podría ser particularmente útil cuando la vida parece ir demasiado rápido, y aminorar el ritmo no es una opción. Mi amiga Clara Britton hizo un Momento de Aprecio, varios en realidad, durante el nacimiento de su bebé. Después de un embarazo difícil y una larga labor del parto, de pronto el parto se aceleró. Pero ella no se sentía preparada; deseaba, dice, toda una hora libre, sólo para «ponerse a la altura» de lo que estaba ocurriendo, para honrar la transición, despedirse de su embarazo y estar totalmente preparada para recibir a su bebé. Pero claro, no podía detener el parto una hora. No podía detener nada. Su única opción fue respirar con lo que estaba ocurriendo y estar totalmente presente, emocional y espiritualmente en el flujo del parto, momento a momento.

Su historia es un buen recordatorio de que podemos estar totalmente presentes en un momento aunque se acelere. No necesitamos detener la acción, sólo necesitamos verla de diferente manera o «reenmarcarla». En las películas, este cambio de percepción, esa especie de mayor conciencia, suele hacerse a cámara lenta. Aunque está ocurriendo muy rápido algo sensacional, espectacular o terrible, el protagonista parece experimentarlo muy lento, asimilando todos los detalles, registrándolo totalmente. Vivir «en el momento» se parece mucho a esto, como si uno pudiera hacer un cambio mental para «ralentizar el movimiento» a voluntad, y observar los matices de la vida mientras pasa volando.

Pero tal vez los Momentos de Aprecio más extraordinarios surgen espontáneamente, sin ningún motivo, cuando estamos haciendo algo muy ordinario. De pronto apreciamos el mundo tal como es, en su ordinariez. Apreciamos el milagro de que algo existe, e incluso apreciamos el milagro de nuestra propia existencia. Valoras que existes apreciándolo. Espero que este libro te haya servido, y continúe sirviéndote, para experimentar muchos de esos momentos.

Haz un Momento de Aprecio ahora, por favor.

OCTAVA PARTE

Maestría del Momento

El Momento no momento

Para llegar a la maestría del momento debes dar un último y pequeño paso. Pero antes que lo des debo explicar una cierta paradoja del momento, una paradoja que tal vez has visto surgir en diversos lugares de este libro. Ahora voy a intentar explicarla, pero comprende, por favor, que, por definición, una paradoja no se puede explicar.

Desde una perspectiva, cada momento entra en el siguiente sin solución de continuidad. En esta visión, el tiempo es «continuo». Los maestros espirituales partidarios de esta visión nos recuerdan que, aunque nos gusta pensar que las cosas son permanentes o «duran mucho tiempo», en realidad nada es permanente. Simplemente creemos que las cosas son fijas, sólidas o tienen duración en el tiempo, pero en realidad siempre van cambiando, y nada continúa siendo «sí mismo». El estrés viene de intentar aferrarnos a algún tipo de permanencia, y la paz viene cuando abandonamos la ilusión de que algo en la vida es permanente, incluido uno mismo. Así pues, no te aferres a nada: ni a tu trabajo, ni a tu pareja, ni a tu casa, y ni siquiera a tus ideas acerca de ti, simplemente «fluye con el flujo». Es decir, la realidad no deja de fluir.

Pero desde otra perspectiva, no existe lo que se llama cambio. En cualquier momento sólo ves el mundo como es en el momento. Por ejemplo, nunca ves una hoja cayendo del árbol: en un momento ves una hoja en el árbol, en el momento siguiente la ves en el aire y luego en el momento siguiente la ves en el suelo. Lo que de verdad experimentas es un «ahora» estático; en otras palabras, ahora es lo único que hay. En esta experiencia del tiempo no hay puente entre los momentos porque el tiempo es «discontinuo». Los maestros espirituales partidarios de esta visión sugieren que el tiempo, o la percepción de que las cosas cambian, es una ilusión. Cuando abandonamos esta ilusión, experimentamos el momento presente totalmente, como el único momento que existe. En esta experiencia, abandonando toda idea de pasado y futuro, tocamos la eternidad. Es decir, la realidad es profundamente quieta.

Así pues, desde una perspectiva, todo cambia, y desde la otra perspectiva, no hay cambio. Desde una perspectiva, el tiempo fluye, y desde la otra perspectiva, no hay tiempo. Desde una perspectiva, no hay ahora, y desde la otra perspectiva, sólo hay ahora. Desde una perspectiva, la realidad es continua, y desde la otra perspectiva, la realidad es discontinua. Desde una perspectiva, todo está en movimiento, y desde la otra perspectiva, todo está inmóvil.

El gran maestro zen Eihei Dogen, resumió esta paradójica naturaleza de la realidad con la osada expresión «discontinuidad continua». Tal vez una descripción más a nuestro alcance sería:

Lo único que no cambia es que todo cambia.

Esta es una idea perturbadora, si uno se para a pensarla a fondo. Siempre que lo experimento me siento muy inseguro, como si no hubiera suelo donde apoyarse. Y, sin embargo, esa sensación de inseguridad es también maravillosa. Es dinámica y toda energía. Es sorprendentemente liberadora y, también, muy apacible. También esto se podría expresar así:

Para experimentar una quietud total hay que aceptar totalmente que todo está en movimiento.

Fíjate que en ningún lado de la paradoja hay algo que se pueda llamar un momento. Si todo está cambiando constantemente, entonces los momentos están cambiando constantemente también y no existe un momento separado de otro. Si nada cambia, entonces no existe un momento distinguible de otro, porque no hay otros momentos. Sólo existe el ahora, eternamente.

En su libro *No Boundary*, el filósofo Ken Wilber lo expresa así:

Dado que no hay pasado ni futuro fuera de este momento-ahora, no hay límites a este momento, nada viene antes de él, nada viene después. Nunca se experimenta un comienzo de él; nunca se experimenta un final de él.[18]

Luego cita el *Platform Sutra* budista:

En este momento no hay nada que llegue a ser. En este momento no hay nada que cese de ser. Por lo tanto, no hay nacimiento-y-muerte para llevar a un fin. Por lo tanto, paz absoluta en este momento presente. No hay fronteras ni límites para este momento y en esto está el eterno deleite.[19]

Pero a mí esto me trae una mala noticia. Puesto que el momento no tiene antes ni después, no existe «un» momento separado de otro momento. Y si no existe aquello llamado un momento, entonces no se puede aprender a dominarlo. En realidad, nunca llegarás a la Maestría de Un Momento. Nunca obtendrás un diploma Maestro de Un-Momento en este curso de formación. Nunca podrás sentarte en algún momento del futuro a recordar el Método Un Momento ni pensar «lo he hecho». Es decir, la maestría exige renovación constante. Maestría significa empezar siempre de nuevo, como si fuera la primera vez.

Así que si alguna vez piensas que has llegado a ser un maestro, te has salido del momento. Si piensas que serás un maestro en algún momento futuro también te habrás salido del momento. Y si conoces a alguien que asegura ser un maestro «todo el tiempo», esa persona no ha entendido de qué va: sólo se puede ser un maestro momentáneamente. Lo cual me lleva a la buena noticia:

Aunque no puedas ser un maestro para siempre,
sí puedes ser un maestro ahora.

El maestro momentáneo

El antiguo libro chino de sabiduría, *El libro de las mutaciones*, dice que, para la persona sabia, «el tiempo sólo es importante en que, dentro de él, los pasos del llegar a ser se despliegan en la secuencia más clara». En otras palabras, el tiempo no es una prisión sino una oportunidad. Es el telar en el que tejemos nuestra vida, el aula en la que aprendemos nuestras lecciones, el patio en el que descubrimos y expresamos nuestras posibilidades. Lo importante no es estar libre del tiempo, sino estar en el tiempo, libremente. Maestría es aceptar, momento a momento, todo lo que ocurre en el tiempo, porque sabes que simplemente es parte del territorio.

Si aceptas que el tiempo no es tan real como pensabas, sino una maravillosa oportunidad, entonces eres realmente libre para disfrutar del paso del tiempo. El tiempo ya no es el enemigo ni algo que escasea. Ya no estás en una batalla tragicómica para aprovechar al máximo el tiempo, y ya no te crees víctima de él. No necesitas estar «quieto» y ya no estás «ajetreado». No hay prisas y no hay miedo. Está bien ser joven y está bien ser viejo, porque simplemente estás «siendo tiempo».

Con la experiencia de la vida de una persona mayor y la inocencia de un niño, aceptas todo lo que surge en este momento como lo que es. Porque ahora sabes que «ahora» es en donde está, y que ahora trasciende la medida. En su poema «Esto tenemos ahora», Rumi lo expresa así:

Esto que tenemos ahora
no es imaginación.

Esto no es
aflicción ni alegría.

No es un estado que juzga
ni euforia,
ni tristeza.

Esos vienen y van.

Esto es la presencia
que no viene ni va.[20]

Y en este ahora lo ves todo como si lo vieras por primera vez.
En la tradición cristiana, esto lo describió Meister Eckhart como
«el ahora de eternidad, donde el alma en Dios sabe todas las cosas
frescas y nuevas». En la tradición budista, lo invocaba el maestro
zen Taizan Maezumi siempre que ordenaba a un nuevo monje.
Maezumi rociaba con unas gotas de agua la cabeza recién afeitada
del novicio y proclamaba: «¡Todo es fresco y nuevo!»

Y ahora, este «ahora» es tuyo también. En todos y cada momento, cuando descubres el mundo, y a ti mismo, de nuevo, eres
un maestro.

Con esta respiración, renazco
y todo es fresco y nuevo.

Notas

1. Jalal al-din Rumi, *The Essential Rumi*, traducción al inglés de Coleman Barks, HarperSanFrancisco, San Francisco, 1995, p. 260.

2. *The Chambers Dictionary*, Chambers Harrap Publishers Ltd., Edimburgo, 1998, p. 416.

3. Ivor Browne, «Psychological Trauma, or Unexperienced Experience», *Re-Vision*, 12, 1990.

4. Paul Davies, «That Mysterious Flow», *Scientific American Special*, vol. 16, núm. 1, 2006, p. 7.

5. Felipe Fernández-Armesto, «Time and History», en Kristen Lippincott (ed.), *The Story of Time*, Merrell Holberton Publishers, Ltd., Londres, 1999, p. 248.

6. Ibíd., pp. 248-249.

7. Citado en Davies, *op. cit.*

8. Paul Davies, *About Time*, Penguin, Londres, 1995, p. 10.

9. Julian Barbour, *The End of Time*, Phoenix, división de Orion Publishing Group, Londres, 2000, p. 137

10. Bill W., *Three Talks to Medical Societies by Bill W., co-founder of A.A.*, Alcoholics Anonymous World Services, Nueva York, 2006, p. 14. La cita se ha puesto con el permiso de Alcoholics Anonymous World Services, Inc. (AAWS). El permiso para imprimir este fragmento no significa que AAWS haya revisado o aprobado el contenido de este libro, ni que esté de acuerdo con las opiniones expresadas en él. A.A. es un programa de recuperación del alcoholismo; el hecho de que se use el fragmento en conexión con programas y actividades que se basan en el modelo de A.A. pero tratan de otros problemas o en contextos diferentes al de A.A. sólo es eso, y no significa otra cosa.

11. Esto se lo contó Rosa Parks a Wayne Greenshaw, coautor con Donnie Williams de *The Thunder of Angels*, Lawrence Hill Books, Chicago, 2005.

12. *Bhagavad Gita*, traducción al inglés de Stephen Mitchell, Rider & Co., Londres, 2000, pp. 135, 140.

13. Paul Tillich, *The Shaking of the Foundations*, Charles Scribner's Sons, Nueva York, 1950, pp. 161-162.

14. David Cooper, *God Is a Verb: Kabbalah and the Practice of Mystical Judaism*, Riverhead Books, Nueva York, 1997, p. 62.

15. Eric Charles White, *Kaironomia: On the Will-to-Invent*, Cornell University Press, Ithaca, 1987, citado en Anthony Judge, «Composing the Present Moment», http://www.laetusinpraesens.org/doc/ficino.php

16. Ibíd.

17. Alfred North Whitehead, en Donald W. Sherburne (ed.), *A Key to Whitehead's Process and Reality*, University of Chicago Press, Chicago, 1981, p. 179.

18. Ken Wilber, *No Boundary*, Shambhala, Boston y Londres, 1985, p. 69. Versión en castellano: *La conciencia sin fronteras*, Kairós, Barcelona, 1998, 5ª ed.

19. Citado en ibíd., p. 69.

20. Jalal al-din Rumi, *The Essential Rumi*, traducción al inglés de Coleman Barks, HarperSanFrancisco, San Francisco, 1995, p. 261.